笑福亭純瓶と行く 上方噺三十六景

落語散策そぞろ歩き

狐狸《こり》窟《くつ》彦《ひこ》兵衛《べえ》

POST CARD

恐れ入りますが
切手を
お貼りください

556-0005

大阪市浪速区日本橋４丁目2-15
梅澤ビル２F

レベル　行

TEL.06-6634-0010　FAX.06-6630-2717

お名前	性別	年齢
	男・女	歳
ご住所　〒		
お電話番号（携帯電話可）		
FAX番号		
メールアドレス		

今後の出版物の参考にさせていただきますので、よろしければ
アンケートにお答えくださいますよう、お願いいたします。

■この本を、どこでご購入いただきましたか。

□書店で　□直接レベルから　□その他（　　　　　　　　　　　　）

■この本のご感想などお書きください。

愛読者カードへのご協力ありがとうございました。毎月抽選のうえ、
記念品をお送りします。レベルの本を今後ともよろしくお願いいたします。

53-1/2018.07.24/上方噺三十六景

古地図「改正増補国宝大阪全図（文久三年）」

今の地図と照らし合わせながら、落語の舞台を散策しましょう

出典：大阪市立図書館デジタルアーカイブ

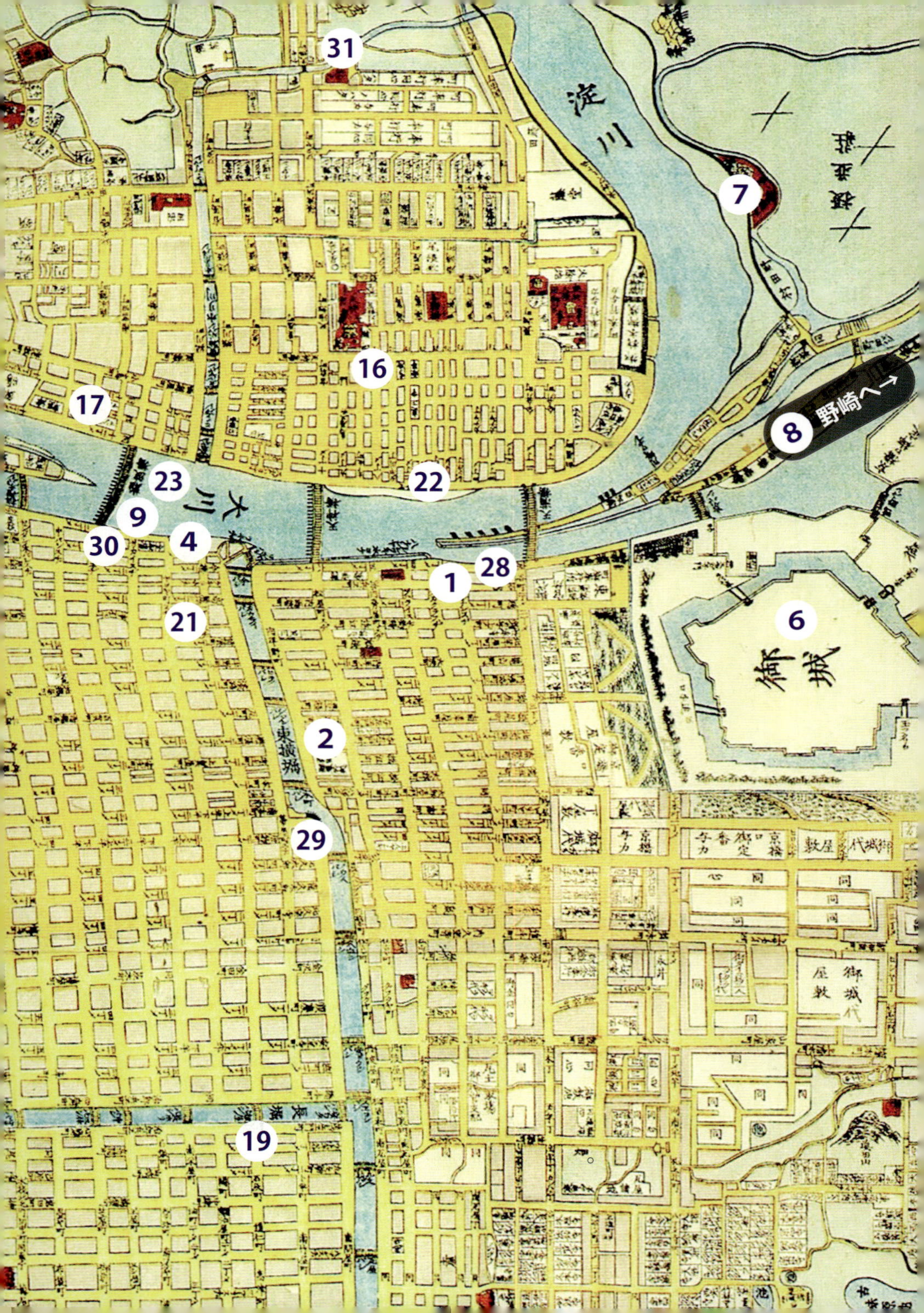

淀川
大川
御城
野崎へ→
東横堀
長堀
御城代屋敷
31
7
16
17
8
23
22
9
30
4
28
1
6
21
2
29
19

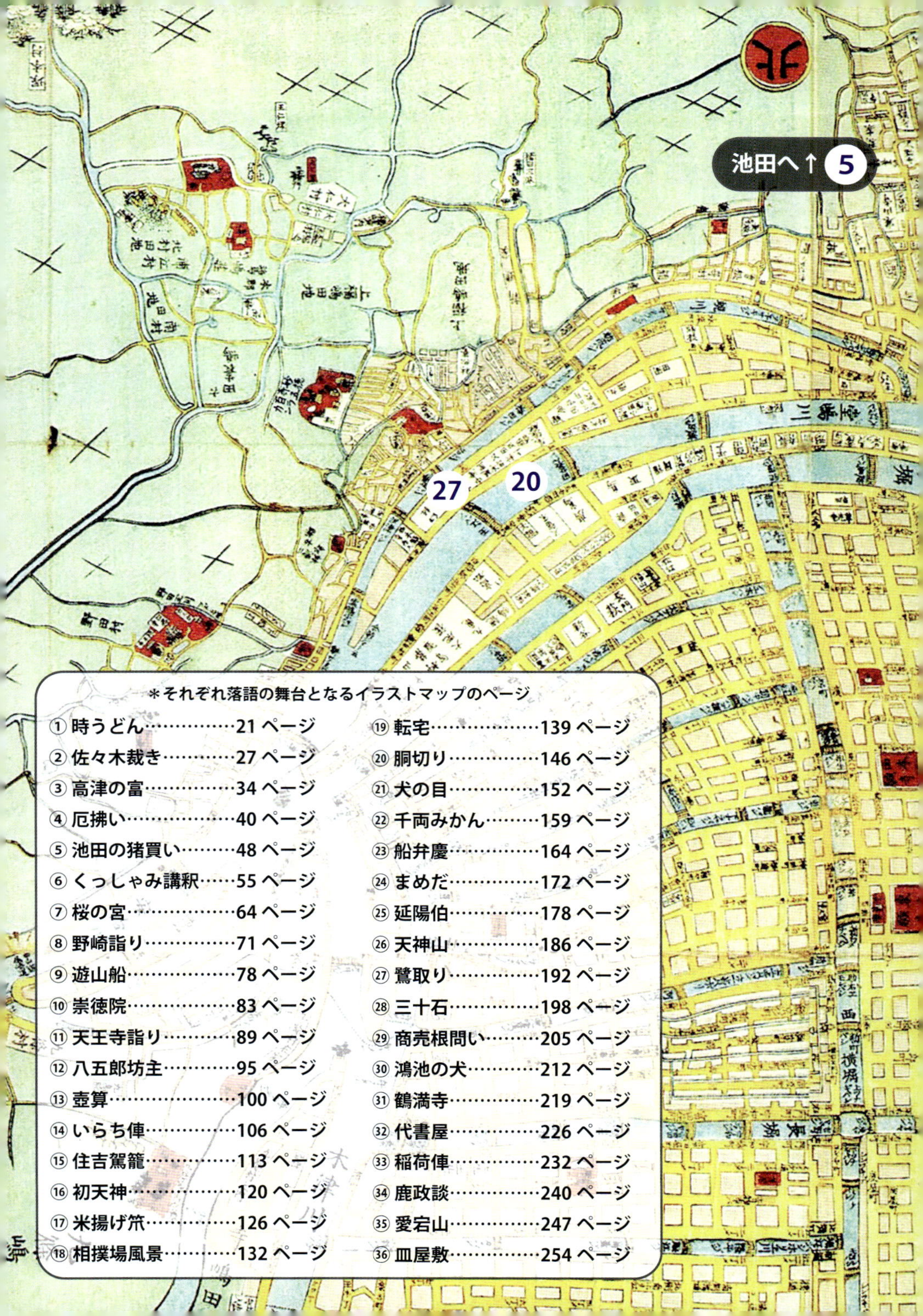

＊それぞれ落語の舞台となるイラストマップのページ

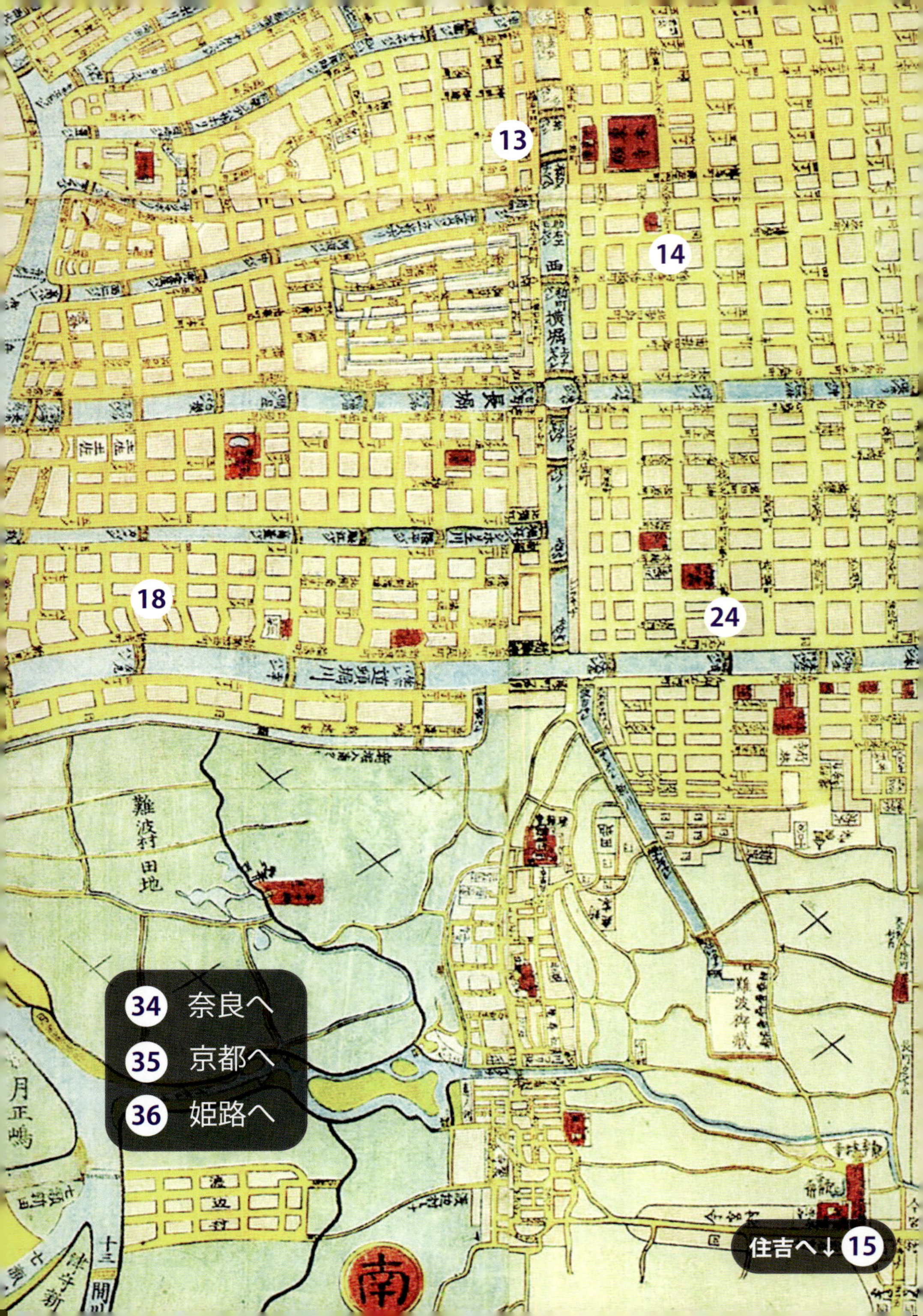
13
14
18
24
34 奈良へ
35 京都へ
36 姫路へ
住吉へ↓15
南

口上

子供の頃、夢物語の世界だった二十一世紀に二十年近くも生きて、「おじいさん」がなるものやと思っていた「還暦」を迎えることになりました。ま、おじいさんには違いなく、『看板のピン』のおやっさん同様、「目ぇもうとなったし、耳も遠ぉなった」身ではございますが、おかげさまで、達者に日々を過ごさせていただいております。

さて、この度、笑福亭純瓶さんとよみうり天満橋文化センターで三年間にわたって開講している「噺家と行く　落語散策そぞろ歩き講座」のテキストを、一冊の本にまとめて出版することにいたしました。

純瓶さんの落語を一席聴いて、大阪のゆかりの地を巡るという趣向。月一回の催しで平成二十七年（二〇一五）十月から平成三十年（二〇一八）六月までの三十三回分と、番外編として『鹿政談』の奈良、『皿屋敷』の姫路、『愛宕山』の京都を加えて三十六景としております。

文中、喜六清八よろしく純瓶・彦兵衛の掛け合いとなっておりますが、道中の録音を起こしたものでも、対談の記録でもありません。純瓶さんから教えてもらったり、一緒に歩いたりした際の会話を、胸の内にて狐狸窟彦兵衛が再構築した「虚構」の世界でございます。……ですので、「純瓶さんがこんなこと言うかいな」というファンのお叱りもあるやもしれませんが、それはひとえに彦兵衛の責でございますので、どうぞご容赦ください。

とはいえ、純瓶さんあってのこの企画でございます。受講される方が少ないときも、いつもにこにこと「私も勉強ですから」とお付き合いくださり、講座を続けることができました。

また、落語にまつわる蘊蓄《うんちく》や楽屋内のエピソードをいっぱい教えていただき、いろいろ発見もあり、それやこれやも盛り込んでございます。お読みいただければ、「あ、この噺聴きたい」「あ、ここへ行ってみたい」てな内容になっているのではないかと存じます。

まだまだ申し述べたき口上はございますれど、長口上は本編趣向の妨げ。

東西、東西!

さ、これより、噺の世界見て歩き、純瓶・彦兵衛の落語散策そぞろ歩きの世界へと、ご案内つかまつりまする。さぁ、こぉ、おいで、なされませ。

頓首平伏

平成三十年七月七日

狐狸窟彦兵衛

＊お断り……講座は毎回独立しており、解説内容が重複していることがあります。書籍化にあたって繰り返しを避けるよう編集しましたが、文章の続き具合で、よぉ似た箇所を残していることもございます。改訂にあたり、変化のあった場所は修正しておりますが、すべてを再確認したわけではありませんので、行き届かぬ所もあると存じます。ご了承ください。

運命的な出会いから、兄のような存在に

僕が狐狸窟彦兵衛さんと出逢ったのは平成十八年（二〇〇六）七月四日水曜日、今日現在から丁度十二年前です。奈良でテレビのリポーターとして「奈良の少子化対策について問う！」といった趣旨で、各新聞社の支社、総局、支局にリポートしました。どんな答えが返ってきたのか、どんな人物を訪ねたのか、まったく覚えていませんが、当時読売新聞奈良支局長だった彦兵衛さんのことだけははっきりと憶えています。

その理由は三つ。まず、僕の兄も同社で奈良に勤務していたこと。

次に、彦兵衛さんが演芸全般が大好きで、特に落語が一番好きであったこと。少子化問題についてはどのような答えだったか忘れましたが、ご自身がどれだけ落語が好きかという猛烈な訴えは、落語家の僕にとってすっかり「面倒臭い人」として、とても印象に残りました。

最後に「天才バカボンのパパ」に瓜二つであったこと。バカボンのパパに似てるなぁと、ずっと思いながら聞いていたのでまったく話が頭に入って来ず、♬西から昇ったお日様が〜東へ沈む〜と歌ばかりが、頭の中を駆け巡っておりました。

「純瓶さんの落語会に行きたいから、いつどこであるのか教えてください」と言ってくださり、「そう言われて来た試しがないねん！」と思いつつお教えすると、キッチリご来場。僕は驚いて「なんで来たんで

すか？」と聞いてしまう始末。

それどころか、それからかなりの確率で足を運んでくださって、落語会の斡旋までしていただくという……僕にとってものすごい「良い人」になりました。

さらに進化は続き、僕が始めることになった「創作奈良落語百席」で、僕がどうしても新作発表に間に合わないときには、彦兵衛さんが書き下ろした落語でなんとか事なきを得る……ということが、今でも度々ございます。

また僕が昔からしたかった「落語を聴いてその噺の場面を歩く」「落語を聴いた後に噺に出てきた食材を飲食する」という企画を実現。特に落語の場面を歩く「落語散策そぞろ歩き」はお陰様で好評を博し、今流行りの言葉で言う、落語の「聖地巡礼」が、すっかり僕たちのライフワークになっております。

彦兵衛さんに驚かされるのは、その取材力。さすが新聞記者だけあって迅速かつていねいに調べ上げ、中でも「足で稼ぐ」データはすごい！

こんなこともありました。僕の独演会の演目『池田の猪買い』の舞台を、彦兵衛さんの道案内で丼池《どぶいけ》から池田まで、旧道にこだわりながら歩いた道のり三十キロ以上。次の日休みだった僕は、足が筋肉痛で熱を持ち、疲労も手伝ってお昼過ぎまで寝ていました。疲れたなぁ～と、何気なくインターネットを見ていると……なんと、彦兵衛さんは早朝から落語の取材でその記録をネットにアップしているではないですか！　吐きそうになるくらい驚いたのを、今でも思い出します。

さて先ほども記しましたが、はじめて彦兵衛さんと出会ったのは読売新聞奈良支局。僕の兄も同社で奈良に勤務していたことがありましたが、その後兄は他界し、愚弟の僕を最後まで気にかけてくれていましたので、彦兵衛さんが僕にとって、どうしても兄とダブってしまう存在なのです。

「いつかこの落語散策そぞろ歩きのデータや写真が本になったらいいですねぇ」なんて、数年前に酔った勢いで話していたことが、まさか本当に出版に漕ぎつけるとは！

彦兵衛さんにはいつも驚かされっぱなしな今日この頃です。それでは、そんな落語の珍道中をたっぷりとお楽しみください。

笑福亭純瓶

笑福亭純瓶と行く　上方噺三十六景　落語散策そぞろ歩き　目次

カバー絵：浪花百景「四天王寺」歌川國員画、「長堀財木市」歌川芳瀧画、
「堀川備前陣家」歌川芳雪画をコラージュ（画像は大阪市立図書館デジタルアーカイブより）
口絵：古地図「改正増補国宝大阪全図（文久三年）」（大阪市立図書館デジタルアーカイブより）

はじめに

落語散策の世界へようこそ

世の中の出来事を簡潔にわかりやすく伝えるために「5W1H」が織り込まれているのを考えながら文章を作るように、というようなことを文章教室などでは教えてもらいます。

つまり、

① WHO　だれが
② WHEN　いつ
③ WHERE　どこで
④ WHAT　なにを
⑤ WHY　なぜ

の五つのWと

① HOW　どのように

の一つのHでございます。

しかし、子どもたちのためのわかりやすいお話、昔話では、そういうセオリーは、まったく無視されております。

冒頭から、

むかし、むかし、あるところに
おじいさんとおばあさんがおりました

落語「桃太郎」では、賢《さか》しいお子さんが、寝物語するお父さんにじぃわりたずねております。

「おとっつあん、昔って、どのくらい昔やのん？」
「あるところって、どこ？」
「おじいさん、おばあさんの名前は」

おとっつあんは言葉に窮しております。この子は悪魔のような子どもでありまして、おとっつあんに講釈をいたします。

「あのな、おとっつあん、昔々、あるところっちゅうのはな、いつなら、いつ、どこなら、どこと決めてしもたら、差し障りがあることもあるやろ。また、京都の話としたら、大阪のもんがおもしろない、大阪の話と決めたら、よその土地のもんがおもろぉないわなぁ。そやよって、どこでもない『あるところ』としてあるねんで、おとっつぁん」

あ、なるほど。おとっつぁん、ならずとも得心も感心もしてしまう、名解説でございます。

落語の方も、まぁ、そういう「お話」つまりフィクションの類でございますので、はっきりと「いつの話」「どこの伝説」「誰の逸話」と決まったものではないのですが、ときには歴史上の人物、英雄や大悪党などが登場することがあります。

そうは言っても、大きくデフォルメ（脚色）してあってお客様の興味をひくような内容になっていることが多いようです。

また、主人公たちが活躍する場所も、たとえば伊勢詣りの道中とか、高津さんにご参詣に行った折、船場のさるご大家《たいか》の……と、特定できるものも数多くあります。そのほか、花見、夕涼み、河豚《ふぐ》鍋に、猪鍋と、季節を感じさせる風物や食べ物を楽しんでいる様子もうかがえます。

この講座では、実際に古典落語を一席聴いていただき、その作品に登場する場所や風俗などについて解説し、さらにそのゆかりの地を歩いてみようという、物好きな……おっと、もとい！　他にあまり例をみない、ユニークな企画なのでございます。

ご案内は、噺家の笑福亭純瓶さんと不肖、上方噺研究家、落語散策・そぞろ歩き事務局主任研究員、狐狸窟彦兵衛が務めさせていただきます。

時うどん

天神橋～大坂町中時報鐘

浪花百景「八軒家夕景」歌川國員画（大阪市立図書館デジタルアーカイブより）

時もお金も一つ、二つ……？

落語の中でも、よく知られた演目に『時うどん』があります。

現在の午前午後、それぞれ十二時間の二十四時間制を取り入れる前、暮れ六つとか、明け六つ、お江戸日本橋七つ発《だ》ちとか言うておりました。

お金の単位も一両、二両。両の下が一分、二分。その下が一朱、二朱。細かい銭が一文、二文と呼んでおりました、その時分のお噺。

屋台のうどんを二人で食べて、一文ごまかすという内容で、江戸時代を通じて一杯のうどんが十六文だったことが前提です。
　勘定のときにうどん屋さんに「銭が細かいねん、手ぇ出して」と言うて「一つ、二つ、三つ、四つ、五つ、六つ、七つ、八つ。うどん屋、今何時《なんどき》や?」とたずねて、うどん屋が「へぇ九つでおます」。そこで、すかさず「十《とお》、十一、十二、十三、十四、十五、十六。ごっつぉさん」と一文ごまかします。
純瓶　この噺は、時刻もお金の単位も江戸時代ですね。ゆかりの地というのがありますか?
彦兵衛　それが、あるんですわ。大坂の町に時刻を告げていた鐘が現存しています。
純瓶　時刻を報《しら》せたのは、お寺の鐘ではないのですか?どこで撞《つ》くのか遠寺《えんじ》の鐘が、陰に籠ってものすごく、ゴーン……。
彦兵衛　その基準になった鐘が、天満橋の近所にあります。ご案内しましょう。

大坂町中時報鐘《おおさかまちじゅうじほうしょう》

天満橋の南詰を西へ土佐堀通を歩いて詣りますと、「永田屋」さんという老舗の塩昆布屋がありまして、店頭に「八軒家浜跡」という石碑がございます。

　八軒家浜とは、京都・伏見から大阪・天満を結んだ「三十石船」の起終点となっておりました船着き場。昔の岸はこのあたりやったそうです。それを尻目に殺しましてもう少し歩きますと、交差

京阪モールから望む天満橋。浪花三大橋の一つ

永田屋さんの前に「八軒家浜跡」の碑がある

点になって南に向かう坂道があります。

これが旧熊野街道。京都から紀州にある熊野神社までの参詣道の大阪での起点になります。

これに沿って南に坂道を上って行きますと、西側にその名も「釣鐘町《つりがねちょう》」という町があります。ビル街の道路脇にあるカプセルのような屋根の建物に釣鐘が吊ってありまして、現在も午前八時、正午、日没時の一日三回、コンピューター仕掛けで時を告げております。これが「大坂町中時報《おおさかまちじゅうじほう》鐘《しょう》」です。江戸時代を通じてこの場所にあり、時を告げておりました。

純瓶　こんなところまで聞こえたのでしょうかね。

彦兵衛　現代のように高い建物がないですから、四里四方に音が届いたと言います。

純瓶　四里というと？

彦兵衛　だいたい十六キロですね。大坂の町は、ほぼ聞こえたでしょうね。

文楽の世界に響く鐘

この鐘は、大坂夏の陣の十九年後、寛永十一年（一六三四）に三代将軍徳川家光が大坂を訪れ、北、南、天満の大坂三郷の地子銀《じしぎん》（税金）を永代免除すると決めたとき、それを喜んだ大坂の町衆が、免除されたのと同額相当の銀を鋳《い》込んで鐘を作ったのが、その由緒です。

近松門左衛門の『曾根崎心中』で、お初・徳兵衛の道行きの名場面にも、その鐘の音が響いています。

〽この世の名残、夜も名残。死にに行く身をたとふれば、あだしが原の道の霜。一足ずつに消えていく、夢の夢こそ哀れなれ。あれ数うれば暁《あかつき》の、七つの時が六つ鳴りて、残る一つが今生《こんじょう》の、鐘の響きの聞き納め、寂滅為楽《じゃくめついらく》と響くなり

純瓶　堂島や曾根崎辺りには聞こえたっちゅうことですね。

彦兵衛　そういうことですね。

純瓶　七つの鐘が六つ鳴りて、ということですが、これは何時頃ですか？

彦兵衛　七つは、明け六つの一時《いっとき》前。午前四時頃です。

純瓶　時間が早い方が数字が多いんですね。

彦兵衛　昔の数え方で、九つが真夜中、八つ、七つ、六つ、五つ、四つと一時つまり大体二時間ずつきて、正午頃がまた九つ、そこから八つ、七つ、六つ、五つ、四つ。で、九つに戻ります。昼過ぎにちょっと食べる間食をおやつ、というのは時間の八つ時から来ています。

純瓶　なるほど。午前も午後も零時が九つなんですね。

彦兵衛　そこらへんは、あいまいでして。「九つ」という時間帯の真ん中に午前零時と正午があったようです。

　時の鐘は明治に入ってから使われなくなり、撤去された後、しばらくあちこち移転され、大正十五年（一九二六）から大阪府庁屋上で保管されていましたが、昭和六十年（一九八五）に元の釣鐘屋敷地へ戻されました。

今も時を告げる「大坂町中時報鐘」

　一時、土地

の所有者が「土地に掛かる税金の負担に耐えられない」と、明け渡しを求める訴訟を起こしましたが、別の人が買い取って紛争は一応収まっています。

今何時？　そぉね、だいたいねぇ

江戸時代は、現在の天文台のように太陽の南中時を正午として正確に時間を刻むわけではなく、日の出頃を明け六つ、日没を暮れ六つとして、夜明けから日暮れまでを六等分、日暮れから夜明けまでを六等分して時刻を報《しら》せていたので、九つは現在の、零時を挟んで一時間くらいずつ。「くらい」というのは季節によって一時《いっとき》の時間が変わったからです。これを不定時法と言います。

純瓶　『時うどん』で最初に二人でうどんを食べて、一文ごまかすのは九つですね。

彦兵衛　遊郭に行って帰り道、真夜中近くということでしょう。

純瓶　その後、頼りない方が真似してしくじるのは五つ。

彦兵衛　暮れ六つから一時後、今の午後八時頃ですね。

純瓶　あかの宵から小銭ぎょうさん持って、というところが実はミソですね、屋台のうどん屋は出ていない時分。実は東京の同じような演目『時そば』は、四つでしくじるんです。

彦兵衛　そうそう。東京のは最初に二人で食べているのではなく、横で聞いていた人が真似しますな。で、ちゃんとその時刻頃に行くのだけれど、まだ九つになっていなかった。まだ四つだった、という微妙な時間帯だったんです。

純瓶　大坂のあほより、東京のあほの方が、ちょっとだけ賢いんですね。

彦兵衛　賢いあほって……。

昔の時の数え方には、子《ね》、丑《うし》、寅《とら》などの十二支で一日を十二等分する方法もあります。真夜中が「子」の刻で、お昼が「午《うま》」。「正午」というのは、午の刻の真ん中です。

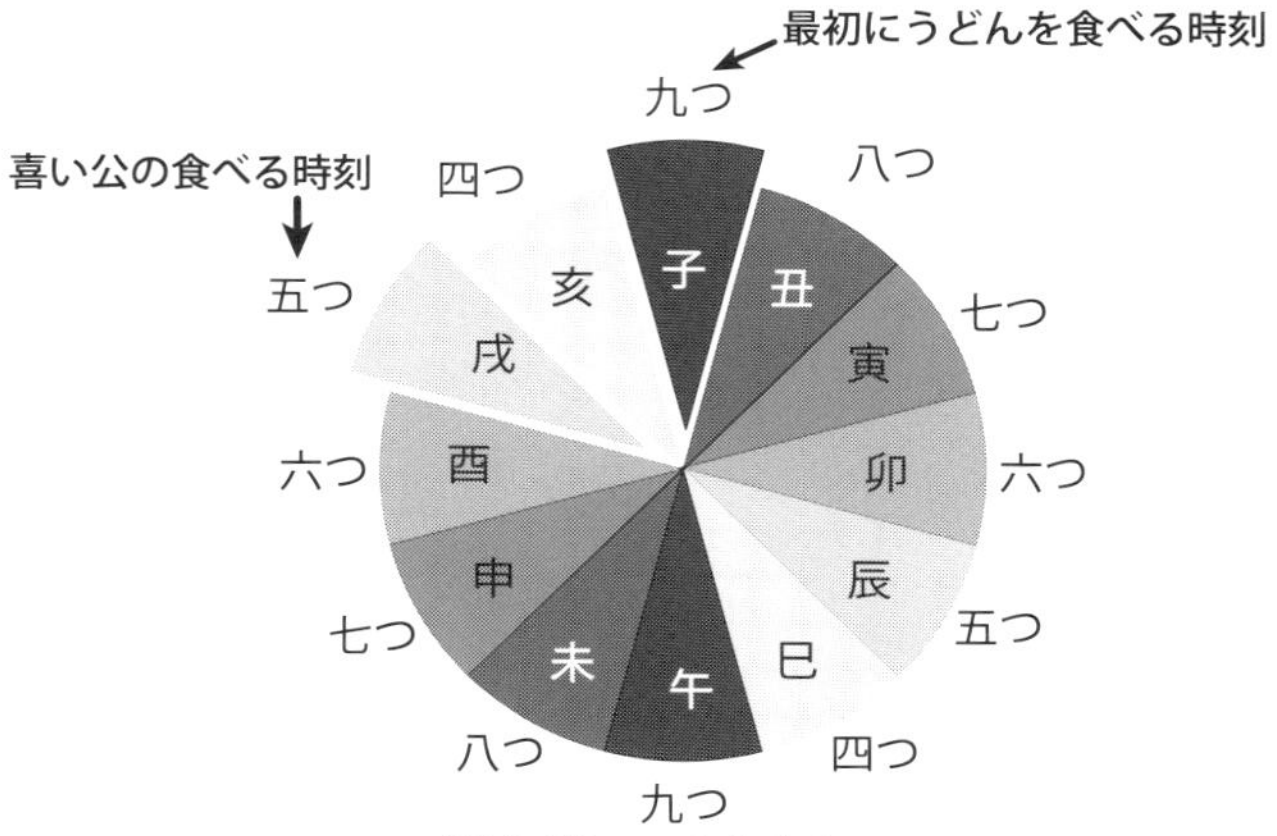

『時うどん』のからくり

午の刻より前が午前で、後が午後です。怪談に出てくる「丑三つ時」というのは、丑の刻の約二時間を四等分して四分の三くらい過ぎた真夜中という時刻です。

いずれにしても、現在は、一秒の何万分の一みたいな精度で時を刻みますが、昔はそんな精密な観測機器はありませんから、きわめておおざっぱだったそうです。

時の鐘などは、基準の鐘が聞こえたら、それを合図に次々と近隣の鐘を撞《つ》いたので、だんだんずれて行ったとか。日の出、日の入りの間を六等分するやり方と、二時間ずつ測るやり方が混在していたそうですから、「今何時？」というのも、「そぉね、だいたいねぇ」と歌の文句みたいなことになっていたということです。

時うどんの舞台
天神橋～大坂町中時報鐘を散策

『摂津名所図会』「砂場蕎麦」（大阪市立図書館デジタルアーカイブより）

そば屋の発祥の地も大坂

現在、うどんは大阪、そばは東京という風に思われていますが、そば屋の発祥の地も実は大坂です。

地下鉄鶴見緑地線・西大橋駅近くの新町南公園に「ここに砂場ありき」という石碑が立っています。公園の砂場ではなくて、大坂城築城の際に、城に運ぶ砂を集めた場所だった所で、ここに集まる労働者の賄《まかな》いとしてそば屋が設けられました。これが日本の麺類販売店の最初だと言います。

長堀川には、江戸時代も石濱、材木濱など水運を活用した建設資材の集積地がありました。

砂場とは、大坂城建設の
築城ための砂を集めた場所でした

佐々木裁き

天神橋～東町奉行所跡～造幣局（洗心洞跡）～大坂天満宮

浪花百景「長堀財木市」歌川芳瀧（大阪市立図書館デジタルアーカイブより）

侍の出てくる落語

上方落語にはあんまりお侍は出てきません。江戸落語に多い職人さんも少なく、貧乏長屋の「我々同様のもん」とか、商家の人々が多いようです。

江戸時代、大坂は幕府直轄地（天領）でしたので、お殿様はおりません。大坂城を預かっていたのは譜代の旗本で、のちに老中になろうかという重職の侍が大坂城代を勤めまして、その下に大坂町奉行。これは東西の二人が任命されました。東西と申しましても地理的に東と西というわけではなく、紅白でも鶴亀でもよかったんでしょうが、大坂では東西。江戸では南北です。

ちょいちょいと落語に登場するお侍はお奉行様でしょう。現在の裁判所長、警察本部長、検察庁首席検事、さらに知事というような司法・行政の権《けん》を一手に握っておりまして、民事の争い事、刑事事件の捜査、下手人の取り調べ、さらに量刑の言い渡しまで、一般市民とさまざまな接点があったからかもしれません。

『佐々木裁き』は、そんなお奉行様が民生視察をするところが、噺の発端になっております。お話に登場する佐々木信濃守顕発《ささきしなののかみあきのぶ》は第三十五代東町奉行で実在します。嘉永五年（一八五二）から安政四年（一八五七）まで東町奉行を勤め、その後、勘定奉行、江戸北町奉行、外国奉行などを歴任しています。

彦兵衛　落語では西町奉行として登場しますね。

純瓶　そうですね。どういうわけか、落語はみんな西町奉行でやります。

彦兵衛　なんででしょうね。

純瓶　わざと実際とは違う設定にして「これは作り事ですよ」というふうにしたんじゃないでしょうかね。

彦兵衛　なるほど、お芝居やなんか、時代や名前を変えて「お上を憚《はばか》った」てなこと言いますからね。

純瓶　そうですねぇ。

長堀川を西へ

さて、このお奉行さんが視察に来たのは住友の浜です。

純瓶　淀屋橋の土佐堀沿い、北浜に三井住友銀行がありますが。

彦兵衛　ここで出てくるのは長堀川と東横堀川が交差するあたりですね。現在は長堀が埋め立てられ長堀通という道路になっております。

純瓶　なんで住友の浜と？

彦兵衛　後に財閥を形成する住友家というのは、元々、鉱山、特に銅山の開発で財をなしたお家でして、江戸時代には長堀の南岸に沿って大きな銅精錬所があったのです。当時、日本は世界一の銅産出国でして、その日本の銅の四分の一をここで精錬していたという記録があります。

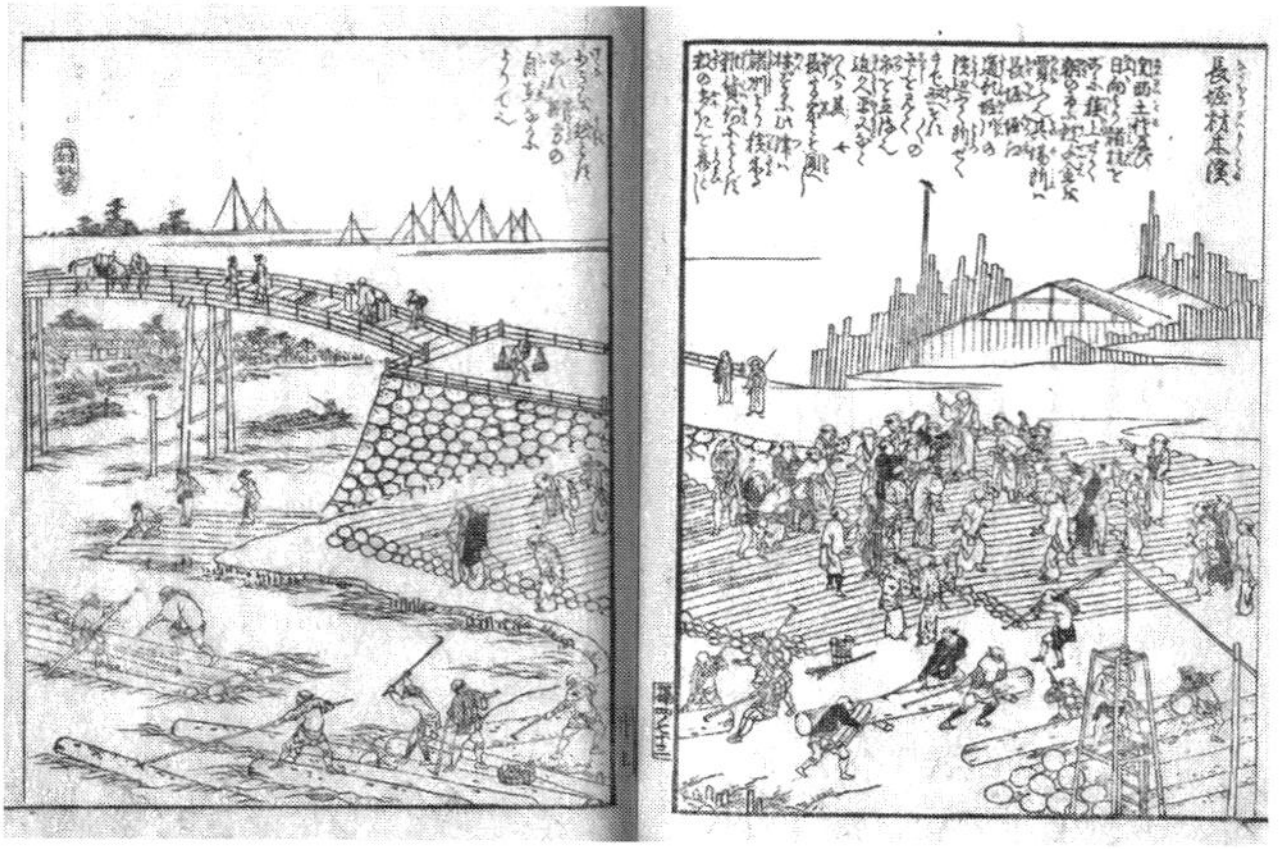

『摂津名所図会』「長堀材木濱」には、四郎吉が上りたそうな材木の山が見える（大阪市立図書館デジタルアーカイブより）

純瓶　工業地帯やったんですね。

彦兵衛　現在は、三井住友銀行の事務センターがございますが、建設の際の発掘で、その遺構が出てきたそうで、現地に一部が保存公開してあります。

銅吹き所は明治九年（一八七六）に廃止になり、その後は住友家の本邸や別邸として活用されました。そのお屋敷にあった撞球場《たまつきば》（ビリヤード場）も修復保存されています。

四郎吉は、お奉行事をするのに材木置き場に積み上げられた丸太の上に座りますが、実はこうした材木置き場はもう少し西……というか、だいぶ西の西横堀川の向こうの問屋橋辺りにありました。

住友の浜というのは東横堀川から長堀橋辺りの南岸で、その西側には石屋の浜と呼ばれ石問屋や石工などが集まっていました。

で、ずっと西、西横堀川と長堀川の交差点に四つの橋

大阪商工会議所、マイドームおおさかのあたりに
西町奉行所があった

が架かった四ツ橋を越えて落語『あみだ池』の舞台になっている和光寺の北側あたりに土佐藩邸がありました。国元の材木を扱う材木問屋が集まっていたので問屋橋。そしてその辺りを「材木の浜」と呼びました。

『摂津名所図会』には、四郎吉が上りたそうな材木を積み上げた風景があります。問屋橋の西に白髪橋という橋があり、これは土佐藩の材木を切り出した産地の山の名前にちなむそうです。

彦兵衛　四ツ橋の向こうというのは、松屋町からだいぶありますね。

純瓶　子供の縄張りとしてはちょっと遠いでしょうねぇ。

彦兵衛　噺の世界のために、ちょっと実際とは違う想定にしたというところでしょうか。

純瓶　ま、こんな大きな材木じゃなく、どこかのお屋敷が普請しているのに潜り込んだのかもしれませんね。

彦兵衛　古地図で見ると、松屋表町というのは末吉橋を渡ったところの一角。ずいぶん限られた地域ですね。ピンポイントで地名が出ていることになりますが、ほんまに四郎吉という子がおったんかもしれませんね。

東横堀川を北へ

西町奉行所も、住友の浜から徒歩圏内です。東横堀に沿って歩くと安堂寺橋、久宝寺橋、農人橋、本町橋と橋が架かっていて、本町橋の東詰が西町奉行所のあったところです。

東町奉行所が、現在の天満橋の総合庁舎の辺りなので、市中見回りに行くには、こっちの方を想定した方が都合が

東町奉行所は大坂城のそばにあった

よかったのかもしれません。

奉行所は東西に分かれていると言いましたが、江戸時代初期には、東西とも大坂城の北西角、現在の大手前合同庁舎の辺りに並んで立っていました。それも、南北に並んで立っていた。ところが享保九年（一七二四）の大火で両奉行所とも焼失したことから、西町奉行所を本町橋東詰に移転して「危険分散」をしたようです。

西町奉行所の建物は明治維新の後、明治七年（一八七四）まで大阪府庁として使われました。

噺の世界を思い浮かべながら大阪の町を歩きますと、水をたたえた堀川が縦横に張り巡らされ、大小の船が水運に行き交っていた頃にタイムスリップしたい衝動にかられますね。

本日はこれまで。

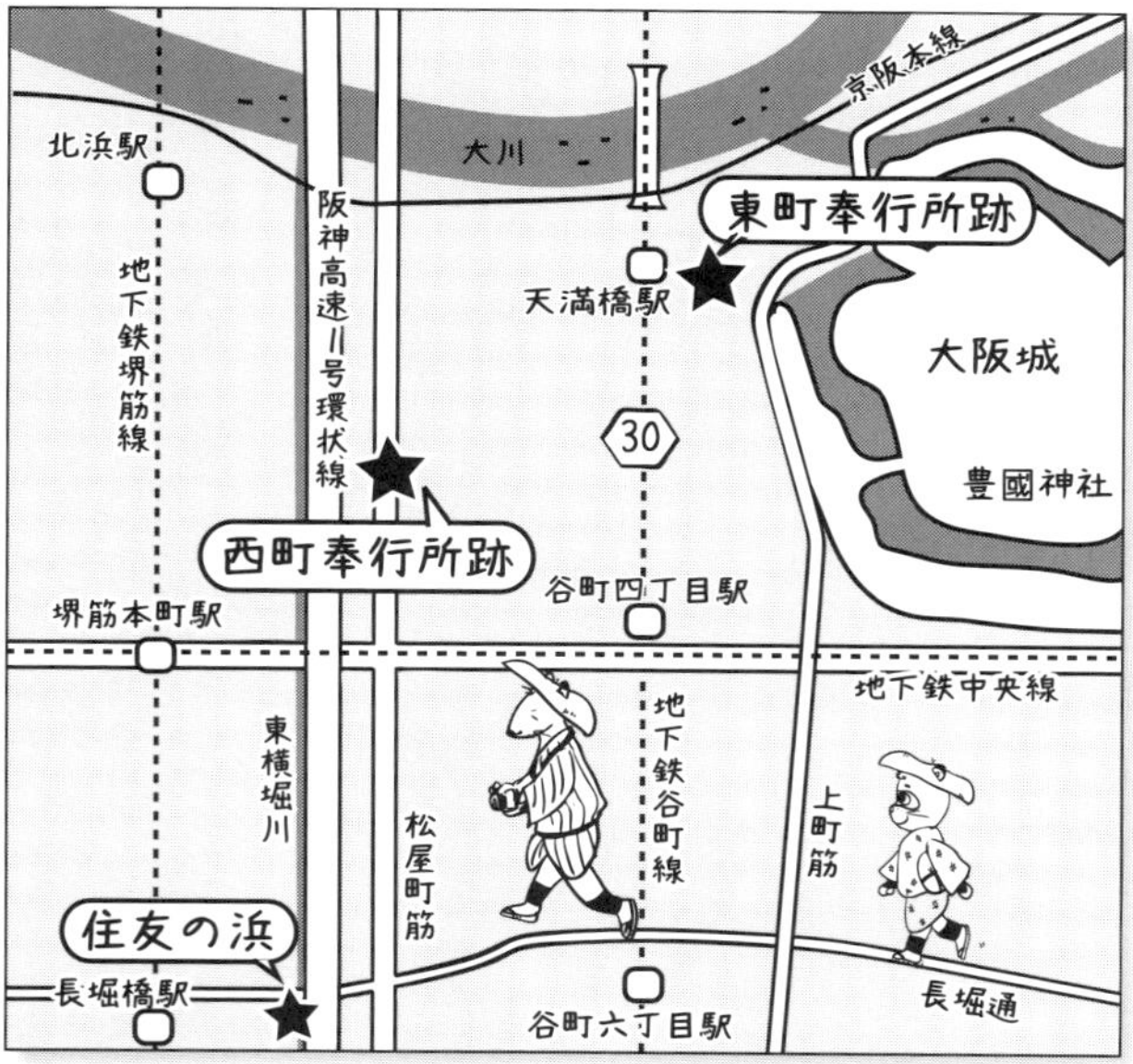

佐々木裁きの舞台
天神橋〜東町奉行所跡を散策

高津の富

高津の宮〜生國魂神社

おやっさんは、ほんまに詐欺師だったのか？

因州鳥取の大富豪を騙《かた》って宿をとったおやっさんが「一《いち》分《ぶ》」で富籤《とみくじ》を買わされ一文無しになります。では、江戸時代の宝くじの抽せん会場を見に行きましょう。

まず、主人公のおやっさんの泊まったのは、淀屋橋の南詰、大川町というところ。江戸時代は宿屋が集まっていました。翌日、一文無しになったので、当てもなく大阪の町を見物して歩くのですが、天満の天神さんへ行ったり、道頓堀に行ってみたり。

その挙句に高津さんにお詣りするのですから、その行動範囲は、現在のビジネス街をぐるっと一周した感じです。

彦兵衛　朝早くから宿を出てますからね、回れないことはないと思いますが。

純瓶　そら、彦兵衛さんは歩くの慣れてはるからねぇ。足早いし。しかし、ご飯も食べんと歩き回ったんでしょうか。

彦兵衛　ま、朝は宿で食べて、お弁当作ってもらったとか。

純瓶　ほんでも、大きな商談に行くと言って出かけるのですからねぇ。お弁当提げて行きますかねぇ。

ところで、おやっさんの持っていた一分というのはどのくらいの値打ちがあったのでしょう。

江戸時代の貨幣は小判一枚が一両、一分というのは一両の四分の一です。その四分の一が一朱《しゅ》。一分は一文銭《いちもんせん》（銅貨）で千文というふうになっていました。物の値段が現在とずいぶん違うので、いくらと言うのはなかなか確定しにくいのですが、一両は大体十万円から二十万円と推定されています。

するとおやっさんは、二万五千円から五万円くらい持っていたことになります。旅籠賃が三百文から五百文とされていましたので、二泊か三泊はできるくらいのお金は持っていたようです。
一両、一分、一朱というのは金貨の単位です。なんで四進法かと言うと、当時は本物の金でしたから、一両の重さの金を四つに分け、その一つをまた四つに分けたのではないかと想像しています。
一方、文は銅貨。丸いお金にひもを通す四角い穴が開いていました。

高津宮参道の鳥居

大阪では金貨より銀貨を使うことが多く、丁銀《ちょうぎん》、粒《つぶ》銀《ぎん》など不ぞろいな銀の塊を重さで測っていました。地図の銀行のマークが昔の分銅の形なのは、そうしたところに起源があります。また銀も後に一分銀、二分銀などの貨幣として鋳造されるようになります。

彦兵衛　そういうわけで、私はおやっさんは、大事に残していた一分を宿屋の払いにするつもりやなかったかと思うんですけどね。

純瓶　うーむ。どうですかねぇ。あんな法螺《ほら》話をすらすらできるというのは、おやっさん、そういう人なんでしょう？　どうも出来心ではないように思いますけどね。

彦兵衛　なるほどぉ。

高津さんにご参詣

「高津さん」として親しまれるお社《やしろ》「高津宮」は、仁徳天皇をお祀りしています。
『日本書紀』などには仁徳帝が高殿から都をご覧になり、庶民の家々から竈《かまど》の煙が上がっていないのを見て「これは民が困窮している」と、免税措置を取られたという「仁政」

高津宮は仁徳天皇がご祭神

が伝わっています。

三年間、御所の屋根が雨漏りして、帝が雨のない場所をよけてお暮しになり、民の暮らしもだいぶ楽になった。

そこで、再び都の様子を見てみると竈《かまど》から煙が立ち上っているので、再び元の税に戻されたというお話。

そのときに詠まれた歌が

高きやに　登りてみれば　煙たつ
民の竈は　にぎはいにけり

彦兵衛　民情をよく見極めて税制を考えるというのは政府の務めでございます。民が困っているときには、自分のことは辛抱して事に当たるのが、トップの心得なんです……けどねぇ。

純瓶　ははぁ。千五百年経ってもわからない人もいるのは、嘆かわしいことですなぁ。

彦兵衛　左様左様。

最初の文字が「仁」「徳」となっています

では境内をご案内しましょう
鳥居をくぐりますと「仁風敷宇宙　徳化洽乾坤」と彫られた門柱があります。頭の文字が「仁徳」になっています。
参道に梅之橋があります。現在は水が干上がっていますが、昔は湧き水の池があり、梅川という小川が流れていました。ここが道頓堀の水源とも言われます。
さらに参道を行きますと「梅之井」という井戸があります。現在は使われておりませんが、上町台地には地下深くに伏流水があり、水質が良かった。海に近い町中では地下水に塩分が交じっていて使えず、淀川の水を買って生活用水にしていたのですが、上町台地ではそういう心配はなかったそうです。

梅之橋の下に流れた梅川は道頓堀の源流という

「梅」がそれぞれについているのは、昔は境内一帯が梅の名所だったことの名残です。
本殿にお詣りして左側に、展望台があります。高津宮の境内からは大阪平野が一望できました。

彦兵衛　現在はビルに隠れて見えませんが、六甲までよく見えたと言います。

純瓶　落語の『延陽伯《えんようはく》』『崇徳院』『千両みかん』にも登場しますね。『延陽伯』では六甲山から砂ぼこりが飛んできて目に入った、と言っています。

彦兵衛　あぁそれは、源平の戦乱、戦国時代から明治のはじめまで乱伐で六甲山がはげ山だったことを表しています。緑豊かな六甲山になったのは明治期の植林が功を奏してきた昭和初年からのようです。

純瓶　へぇえ？　そうだったんですね。

彦兵衛　奥に先代の桂文枝さんの碑があります。

純瓶　境内に「高津の富亭」という寄席があるのですが、

「縁切り坂」で悪縁を切り、「相合坂」で良縁と出会う

ここを先代文枝師匠が大変大事にされて、よく落語会を開いたんです。そのご縁ですね。

ちょっと奥に「比売《ひめ》古曽《こそ》神社《じんじゃ》」というお社があります。この地に元からいらした神様をお祀りしてあります。

神社の西側は崖のようになっていて、急な細い階段と二等辺三角形になっているゆるやかな階段があります。急な方を「縁切り坂」、ゆるやかな方を「相合坂《あいおいざか》」と言います。

縁切り坂は、昔は三回半に折り返してあったので離縁状の「三下り半」の語呂合わせ。

相合坂は、思い合う二人が二等辺三角形の下から別々に上って、頂上でちょうど出会うと縁が結ばれるという「辻《つじ》占《うら》」になっています。

生國魂《いくたま》神社《はん》は落語発祥の地

千日前通を挟んで鎮座するのが生國魂神社。「いくくにたまじんじゃ」と読み「生玉《いくたま》はん」として親しまれています。

元禄時代に米澤彦

生國魂神社の鳥居と拝殿

八という人が、野外で滑稽噺《こっけいばなし》を披露したのが上方落語のはじめと言われます。毎年九月の第一土日は上方落語の祭典「彦八まつり」で賑わいます。

純瓶　私は思うんですけどね、彦八という人は今でいう野外ライブをやっていたんですから、高津さんでもやっていたんじゃないかと。

彦兵衛　なるほどねぇ。すぐ近所ですしねぇ。

純瓶　落語の舞台になっているのも高津さんの方でしょ。

彦兵衛　生玉はんは、近松門左衛門の『曽根崎心中』の冒頭で、徳兵衛が友達にだまされてひどい目にあうという場所です。その前にお初と会いますが、お初は彦八の物真似を見物に来ていたのです。

純瓶　そうなんですか。

彦兵衛　ちょうど同じ頃、京都の北野天満宮では、露の五郎兵衛という人が、やはり境内で滑稽話をして話題になっています。

純瓶　露の五郎兵衛師匠って、えらい長生きだったんですね。

彦兵衛　なんでやねぇん！

当時の彦八の小咄が残っています。

彦八「昨日、雨がしゃべったそうです」
客「雨がしゃべるかえ？」
彦八「はい、きょう（京）は、露が噺をしております」

これが、二人が同時代の人やったらしいという証拠だそうです。

高津さんも生玉はんも元は上町台地の北端にありました。仁徳帝

米澤彦八は上方落語の祖と言われる

生國魂神社が元あった場所には御旅所がある

が祀られていますので、高津さんの辺りに都があったように思われますが、実際は現在の大坂城辺りに都があったとされています。

上町台地から眺めた淀川の流れの中に中州ができたり、流されたりする様子が、『古事記』の八十島《やそしま》が生まれる神話の元だったのではないかという説があり、生國魂神社の祭神、生島神《いくしまのかみ》、足島神《たるしまのかみ》は宮中の祭祀、難波の八十島祭の際に主神として祀られているのも興味深いことです。

高津さんも生玉はんもその上町台地の北端付近にあったのを大坂城築城の際に豊臣秀吉が移転させました。大阪城の追手門の辺り、お堀の対岸に「生國魂神社の御旅所」があり、その辺りに旧社地があったとされています。

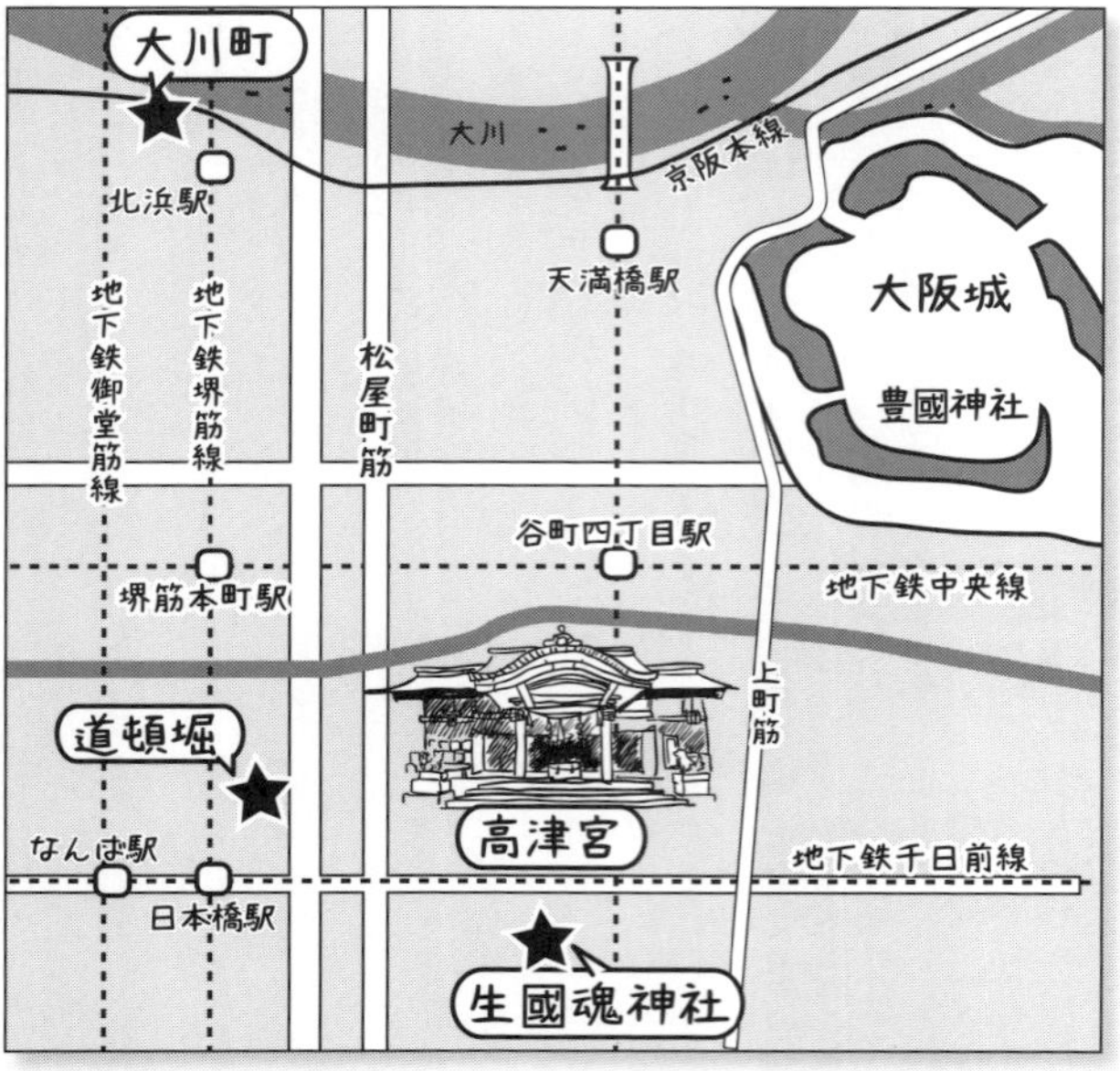

高津の宮の舞台
高津の宮～生國魂神社を散策

厄払い

今橋～十兵衛横町～鴻池邸跡～淀屋邸跡

「年越し」の商家を回って厄払《やくはら》いの口上を述べてご祝儀をもらう「軒付け」の芸能がありました。
『厄払い』は、にわか仕込みの「厄払い」のすかたんぶりを笑います。

純瓶　この噺、年越しと言うてますすが、本来は節分の行事やと先輩から習いました。

彦兵衛　そうですね。現代では暦のうち、節分と立春と正月と旧正月の関係から、まず説明が要りますね。

純瓶　節分は立春の前の日。年越しが関係しますか？

彦兵衛　旧暦を使っていた頃は、厄除けを大みそかにしてました。宮中行事の大祓《おおはらえ》の追儺《ついな》も大みそかの行事です。

純瓶　あ、東北のなまはげも大みそかに来ますね。

彦兵衛　節分とは、季節を分ける日で、現在は立春の前日だけが取りあげられますが、立春・立夏・立秋・立冬の前日の四回あります。特に立春は、農耕の上で耕作の準備をするのに大切な目安の時期なので、やはり厄除けの行事をしています。

純瓶　なるほど、それで旧暦の一年の始まりが、立春というわけで？

彦兵衛　ちょいちょいそういう誤解がありますが、旧暦は、月の満ち欠けを基準にしているので、太陽の運行を基準にしている立春などの二十四節気とは、ずれているのです。

純瓶　つまり、どぉいうことに？

彦兵衛　かつては春の節分を年越しと言って、厄払いの行事をしていました。

旧暦は、月の満ち欠けを基準に、新月つまり朔《さく》に当たる

写真浪花百景「心斎橋通初売之図」長谷川貞信画（大阪市立図書館デジタルアーカイブより））

日が一日《ついたち》、満月は望《もち》と言い十五日、大の月は三十日、小の月は二十九日を一か月とします。

これだと一年間が三百六十日足らずとなり、だんだん季節がずれてしまいますので、三年に一度くらい一か月余分な「閏月《うるうづき》」を入れて季節を調整します。これを太陰太陽暦と言い、中国などもこの暦を使っています。

ちなみに、イスラム暦は月の運行だけに基づく太陰暦です。季節の移ろいに左右されない、砂漠の民の生活に由来しているのかも知れません。

旧暦では、節分はおおむね正月の頃ですが、暦によっては正月を過ぎたり、年内になったり変動します。

万葉集に「年の内に 春は来にけり ひととせを 去年とや言はむ 今年とや言はむ」という歌があります。「立春が年内に来てしまった、ということは、その後は今年で、立春の前は去年？ そやけど、どっちも一年のうちやしなぁ」てな冗談めいた内容です。

そういうことで旧暦の間は節分の「豆まき行事」も、年内にあったり、年明けにあったりしたそうです。

あぁ〜ら目出度や、目出度やな
目出度いことで払おなら
鶴は千年、亀は万年
浦島太郎は八千歳、東方朔《とぉぼぉさく》は九千歳《くせんざい》
三浦の大介《おおすけ》百六つ
かかる目出度き折からに、如何なる悪魔が来よぉとも
この厄払いが引っ掴み
西の海へさらり、厄払《やっく》いましひょ

厄払いの口上ですが、長寿のものを並べて験《げん》を担いでいます。東方朔というのは、中国の漢の時代に実在した文人ですが、仙桃《せんとう》を食べて長寿を保ったという伝説があります。三浦の大介は、源頼朝に加勢した鎌倉時代の武将で、八十九歳で亡くなり、没後、十七回忌に頼朝が「私の中に生きている」と称えたとされることから、それなら百六歳まで生きたことになる、というわけです。

一方、江戸の厄払いが出てくるのは、河竹黙阿弥作『三人吉三廓初買《さんにんきちさくるわのはつがい》』。劇中のお嬢吉三の名せりふ、

月も朧《おぼろ》に白魚の篝《かがり》も霞む春の空、冷《つめ》てぇ風も微酔《ほろよい》に
心持よくうかうかと、浮《う》かれ烏《がらす》のただ一羽、塒《ねぐら》へ帰る
川端《かわばた》で、棹《さお》の雫《しずく》か濡手で粟、思いがけなく手に入《い》る百両、
［御厄《おんやく》払いましょう、厄落《やくおと》し、という厄払いの声］
ほんに今夜は節分か、西の海より川の中、落ちた夜《よ》
鷹《たか》は厄落し、豆沢山《まめだくさん》に一文の銭と違って金包み、こい
つぁ春から縁起がいいわえ

月も白魚のかがり火も、ぼんやりと春の霞にかすむ様子を情感豊かに述べた後、夜鷹を殺害して奪った金を手

に「春から縁起がいい」と喜んでみせるピカレスクロマン。厄落としの文句にある「西の海」を折り込み、厄落としでありがたがる「豆や銭」と違う大金を手にしたことを喜んでいます。

彦兵衛　せりふの途中「御厄払《おんやく》いましょう、厄落し」と、入る声は江戸流の厄拂いのかけ声です。

純瓶　大坂のより、なんや、しゅっとしてますなぁ。

彦兵衛　この芝居で、大阪の「やっくはらいましょ!」っちゅうのは合いませんな。

純瓶　七五調の名調子の途中で、しゃっくりしているみたいです。

厄拂いの軒付けの芸能としては、このほかに「萬歳《まんざい》」「鳥追い」「太神楽《だいかぐら》」などがありました。

「萬歳」は、二人一組で、鼓を鳴らしながらおめでたい萬歳歌を歌い舞う太夫に、供の才蔵が滑稽なせりふで混ぜ返すという、現代の漫才のルーツです。

「鳥追い」は、女性が編み笠をかぶって、三味線を弾きながら「〽海上遥かに見渡せば、七福神の宝船」と歌って、銭をもらいました。一人または複数で訪問。時に座敷に上げられて芸をしたり、お酌をしたりということもあったそうです。

「太神楽」は、グループでやって来て、お囃子にのせて曲芸を見せました。

「猿回し」も正月の縁起物の一つで、猿は廐《うまや》の疫病除けという伝承があり、武家の廐で芸を披露したのがその発祥と言います。

純瓶　噺のにわか厄拂いはどこを歩いたんでしょうね。

彦兵衛　はっきりどことわかる表現はありませんが、出てくるお店はかなり大店《おおだな》のようですね。

純瓶　大阪で大店が軒を連ねているのは、船場ですね。

彦兵衛　土佐堀川、東横堀川、西横堀川、長堀川に囲まれ

淀屋の屋敷跡

鴻池家の本宅跡（大阪市中央区今橋二丁目）

た商業地区です。

純瓶　船場のさるご大《たい》家《か》というのは、落語にもよく出てきますね。

大阪には、水運を利用して物資を流通するために堀が縦横に造られていました。八百八橋と言われるほど橋が多かったのもそのためです。「船場」というのも、船が着く場所だから名付けられたという説もあります。

船場の中でも、今橋通りは、特に大きな商家が軒を連ね「長者通り」とも呼ばれました。

東横堀に架かる今橋から西に行きますと、開平小学校の前に「天五に平五 十兵衛横町」という碑があります。ここに江戸時代の両替商で、豪商の天王寺屋五兵衛と平野屋五兵衛の二人が向かい合って店を出していたので、足して「十兵衛横町」。

天王寺屋五兵衛と
平野屋五兵衛で十兵衛横町

今橋二丁目には、鴻池善右衛門の本宅があり、現在は「大阪美術倶楽部」というイベント展示会場となっております。表の門長屋《もんながや》は現在、奈良市内に移築され、カフェとして活用されています。

淀屋橋南詰には、贅沢が過ぎると幕府に咎められて闕所《けっしょ》になった淀屋の屋敷跡があります。

淀屋の西には三井住友銀行はじめ、旧住友グループが本社を置いたビルが立ち並び「住友村」と言われる様相を呈しておりますが、住友家は銅精錬で財をなした工業的な豪商で、長堀橋の近くに銅吹き所を構えておりました。住友銀行などが北浜に店を構えたのは明治になってからです。

ＮＨＫ連続テレビ小説「あさが来た」の主人公のモデル広岡浅子が活躍した大同生命などの前身の両替商「加島屋」は、西横堀川の西側にありました。

広岡浅子が活躍した加島屋ゆかりの
大同生命本社ビル

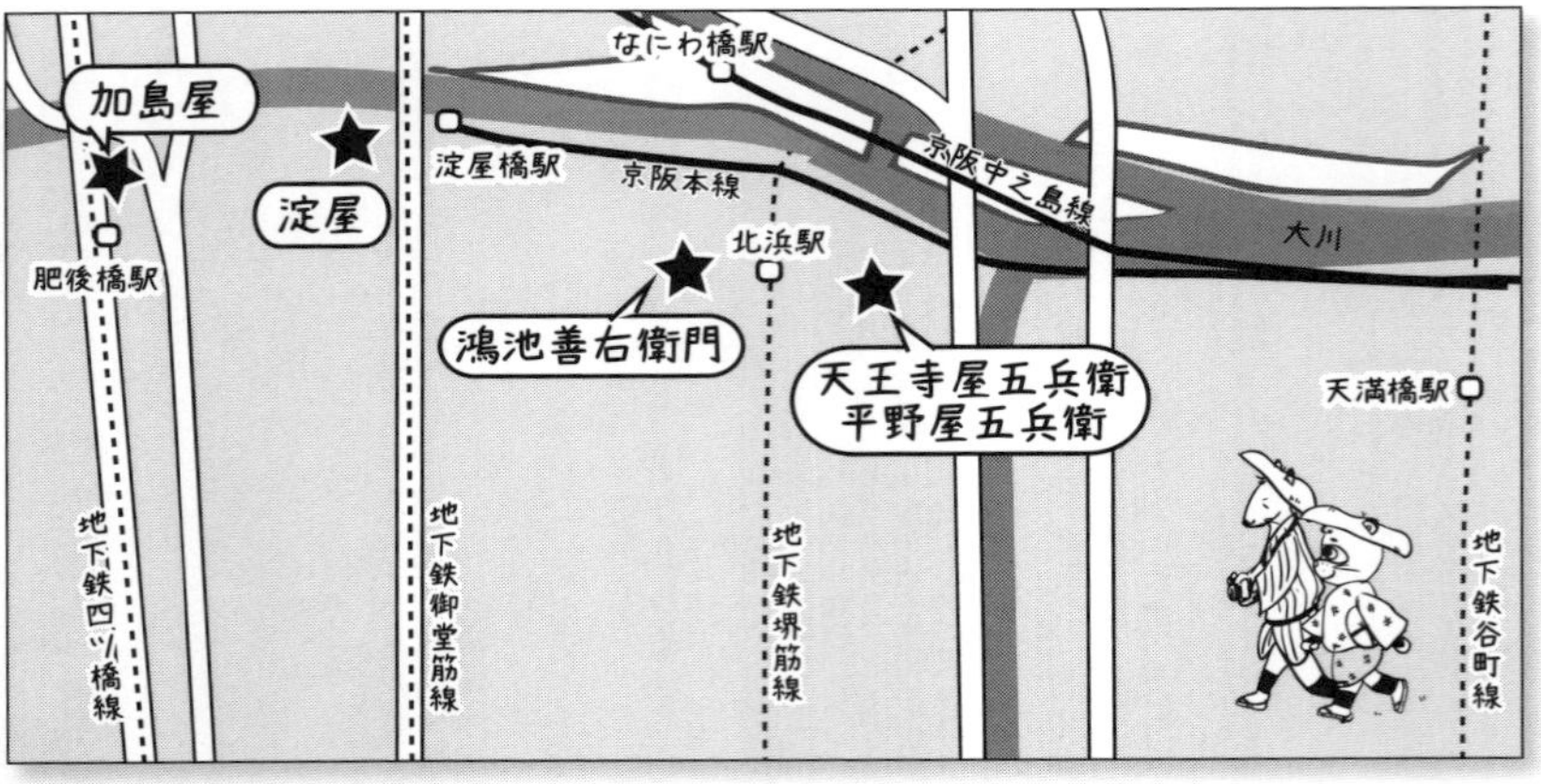

厄拂いの舞台
今橋～十兵衛横町跡（天王寺屋五兵衛、平野屋五兵衛）～
鴻池邸跡（鴻池善右衛門）～淀屋邸跡を散策

池田の猪買い

丼池～淀屋橋、大江橋、蜆橋（跡）～お初天神～そして池田へ

浪花百景「十三中道」歌川芳雪画（大阪市立図書館デジタルアーカイブより）

薬食い

「冷え」を患った男が「体が温まる」と新しい猪肉を求めに、大阪から池田の猟師の所まで出かける噺。『北の旅』に分類されます。

純瓶　この男、のぼせたり冷えたり、忙しいですね。

彦兵衛　冷えというのは、今で言う性病、梅毒のことらしいです。

純瓶　えー？　そんなん、猪肉で治るのですか？

彦兵衛　多分治らないと思います。梅毒が根治できるようになるのは、化学薬品の特効薬が開発されて、病原のスピロヘータを退治できるようになってからです。

昔、日本では猪や鹿など野生動物を食べていました。獣肉のことを「しし」と呼び、猪も鹿も「しし」と読みます。

仏教が伝来して殺生戒《せっしょうかい》が強く言われるようになると、獣肉を食べることを禁止する命令が何度も出されます。何度も出されるということは、なかなか守られなかったということでしょうか。また食用を禁止する獣類として、農耕に使役する牛馬の他、猪、鹿とならんで、猿も例示されています。禁令に例示されているということは食べていたのでしょうね。

禁止されても、おいしいものはやめられません。江戸時代には「薬食い」と言って様々な肉を食べています。また百獣屋と書いて「ももんじや」という名前で獣肉を売っていました。

純瓶　ももんじぃ、というのが獣の肉ですか。

彦兵衛　ももんじぃという妖怪がいます。ももんがぁというのもいます。

純瓶　モモンガって、ムササビのような動物ですよね。

彦兵衛　夜中に木から木に飛び移る様子が、奇怪で物の怪のようだったんでしょうね。別名野衾《のぶすま》ともよばれます。

純瓶　ももんじぃは?

彦兵衛　がぁの番《つがい》で、じぃです。

純瓶　ほんまかいな。

彦兵衛　ほんまほんま。

川柳には「薬食い」をテーマにしたものがたくさんあります。ま、みなさん、楽しんでいたんでしょうね。

冷え性で二十日ほど食う冬牡丹

毒になる奴が煮ている薬食

薬食い隣の亭主箸持参

池田への道のり

彦兵衛　噺の方では、喜ぃ公が丼池筋に住む甚兵衛はんの家から能勢街道を北へ北へ。池田まで歩きます。

北浜丼池には橋がない

純瓶　こういう旅ネタは、そのルートを歩いてみたくなりますね。

彦兵衛　歩きましたな。

純瓶　はい。二十キロくらい、四、五時間でと言う彦兵衛さんにだまされて。

彦兵衛　あ、だ、だましたわけでは……。

純瓶　結局三十キロくらい、七時間も歩きましたな。

彦兵衛　えらい、あいすまんこって。

淀屋橋

大江橋

丼池筋を北に突き当たる。淀屋橋、大江橋、蜆《しじみ》橋と橋を三つ渡って、お初天神。西門の所に「紅卯《べにう》」という看板が上がってるのが目印や。ここから一本道。十三の渡し、三国の渡し、渡しを二つ渡って、服部の天神さんを尻目に殺し、岡町から池田。池田でも町中はあかん、と大阪でも名

蜆橋は今は「跡」だけ

の知れた山猟師の六太夫さんを訪ねます。

　丼池筋というのは、けったいな名前ですが、丼のような池があったとか、ドブのような汚い川があったとか言われますが、はっきりした由来はわかりません。現在も御堂筋の二本東の筋が、ずーとまっすぐ伸びてます。

　ちなみに御堂筋は西本願寺の北御堂と東本願寺の南御堂の前の道のことでしたが、昭和八年（一九三三）に拡幅、延長されて、現在の梅田から難波までの広い大通りになりました。それまでは、淀屋橋から淡路町までが「淀屋橋筋」と言うたんですな。

　丼池北浜には、現在も橋はございません。「船で渡るか、泳いで渡るか」。現在は、水上バスの船着き場がありますが、ここで船に乗ると、帝国ホテル大阪のあるＯＡＰに連れて行かれます。

　淀屋橋、大江橋は、土佐堀川、堂島川に架かる橋で現存しますが、蜆《しじみ》橋はありません。堂島上通《どうじまかみどおり》となっている道路がかつて蜆川という川の堤で、そこに架かっていたのが蜆橋です。堂島上通が、わずかにカーブしているのは、その川筋の名残をとどめているからです。曽根崎心中で、堂島新地、天満屋のお初が眺めたのが、この川。明治四十二年（一九〇九）の大火で、天満一帯が焼け野原となり、その瓦礫を蜆川に投棄して埋めてしまったため、橋もなくなりました。

純瓶　あ、つまり、この噺はそれ以前の作ですね。

彦兵衛　ええ、まあ、そうです。
純瓶　歯切れが悪いですね。
彦兵衛　続きがありますので。

国道一号と二号は御堂筋の交差点が起終点です。駅前第三ビル前に、道のりの基準点「道路元標《どうろげんぴょう》」があります。で、御堂筋側にあるのが「お初天神」。『摂津名所図会』にも載っていますが、ずいぶん広い感じがします。「お初天神」というのは、曽根崎心中の主人公、お初と徳兵衛がここ、天神ノ森で心中したからで、正しくは

お初天神の西門にあるのは交番

「露天神社《つゆのてんじんしゃ》」と言います。

天神さん、菅原道真公が、大宰府に流されるときにお立ち寄りになり「露と散る涙に袖は朽ちにけり都のことを思い出れば」とお詠みになったことからと伝えられております。

十三の渡し、三国の渡しと渡しを二つ

現在の国道一七六号の十三大橋は、阪急電車の中津駅と十三駅を結ぶ鉄橋と並行していますが、その南詰に池田四里と記した常夜灯があります。

橋を渡ると「十三の渡し跡」の碑が見つかります。ただ、現在の淀川は明治四十二年（一九〇九）の大規模

十三の渡しはなくて十三大橋

三国橋

な治水工事によって、毛馬で大阪市街地へ流れ込んでいた本流（大川）を付け替えたものです。蛇行してデルタ地帯を作っていた中津川を拡幅した新淀川なので、昔の景観はこんな大きな川ではなかったようです。

　また明治十一年（一八七八）には、改修前の中津川に橋が架けられて、渡しは廃止されました。次の神崎川を渡る三国の渡しも、明治六年（一八七三）には架橋に伴い、廃止されています。

純瓶　つまり、この噺は明治六年（一八七三）以前やということ？

彦兵衛　ところが、喜六が甚兵衛さんにお金借りるでしょ？

純瓶　渡し賃や弁当代やら、二円もあったらと。

彦兵衛　明治初年の一円は、今の数万円の価値があったかと思われ、そんなぎょうさん借りることはないやろと。

純瓶　せーだい、逆らえ。

彦兵衛　多分、江戸時代からのやり方が明治以降も残り、お金のところだけ、だんだん変えてきたんやないかと思います。

服部の天神さんを尻目に殺し

「服部の天神さんを尻目に殺し、岡町から池田」という道のりは能勢街道です。

　服部の天神さんは、元々は少彦名命《すくなひこなのみこと》を祀る神社でした。ここも菅原道真公が左遷される途中に立ち寄っています。

服部の天神さんの前には旧街道

道真公は脚気《かっけ》のために動けなくなって、病気平癒を祈られたところ、その霊験で回復されたという故事があります。このため脚の神様として有名で、境内にはたくさんのわらじの奉納がなされ。サッカー選手も参詣しています。

純瓶　服部と書いて、なんではっとりと読むんでしょうね。

彦兵衛　それでは、私がその薀蓄《うんちく》を申しましょう。

一帯は、昔中国から渡来した秦氏《はたし》の勢力下にありました。秦氏は大陸から織物の技術を伝えました。織物を作ることを「はたおり」と言うのは、このためです。

で、朝廷に仕える様々な仕事をする人たちを「部《べ》の民《たみ》」と申しましたから、はたを織る人たちを「はたおりべ」。はたおりが訛って「はっとり」とこうなります。

岡町の原田神社

純瓶　服部と書くのは？

彦兵衛　服は、はたを織った布で作りまっしゃろ。

純瓶　ほんまですかいな？

ほんまなんですね。目的地の池田は、その織物技術が伝来した場所とされており、中国から技術を伝えた「くれはとり」「あやはとり」の二人の姫様が一心に夜もはたを織っていると、天から星が降って来て辺りを照らしたという伝説が残っております。また二人を祀った「呉服神社」「綾羽神社」は、現在も地元の信仰を集めております。

『池田の猪買い』や『牛ほめ』の舞台になっていることから、池田市は「落語の町」として町おこしをしてまして、能勢街道沿いに「落語みゅーじあむ（市立上方落語資料展示館）」を市の観光協会が運営しています。

展示物には、熊ほどの大きさもある猪を仕留めた猟師さんの記念写真もあります。

池田への能勢街道の道しるべ

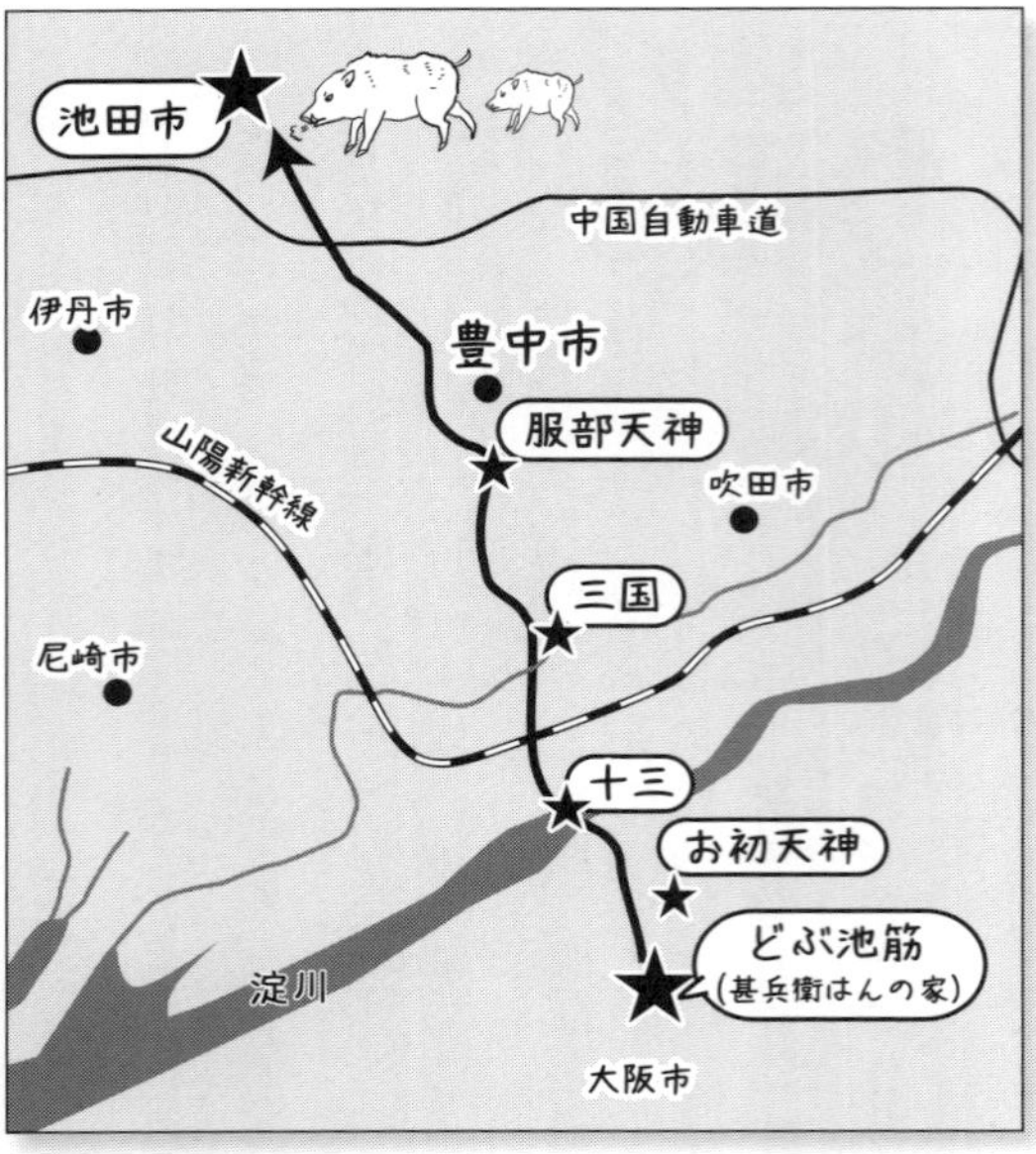

池田の猪買いの舞台
井池北浜～淀屋橋、大江橋、蜆橋（跡）～お初天神～そして池田へ

猪食うた報い

甚兵衛はんが、「猪の身は冷えに効く」と勧める言葉の中に「猪食うた報いという言葉があるが、あれは猪食うたら温《ぬく》いが訛ったもんや」というのがあります。

殺生・肉食が禁じられていた頃、獣肉を食べると罰が当たるとか、病気になるとか言われたのですが、実際には高たんぱく食品ですから体にいいのは当たり前で、ほこほことぬくもったのでしょう。

それはさておき、梅毒はスピロヘータという病原体による伝染病で、猪肉を食べたり、お灸をすえたりしても根治はしません。

明治四十三年（一九一〇）になって、ドイツのパウル・エールリヒと日本の秦佐八郎《はたさはちろう》が、合成に成功したサルバルサンという特効薬の登場で治療が可能になりました。そのとき、六〇六番目の合成でできたので「六〇六号」とも言われました。当時は軍隊などでもそう呼ばれたのですが、世間では「ししくた　むくいで　ござんしょう」の語呂合わせだと言われます。

なんでて？

449《ししく》足す691《むくい》、引く534《ござんしょう》だと言うのですが。

女優、森光子さんが自伝『人生はロングラン　私の履歴書』で昭和のはじめ、歌手としての鑑札を受けたときの番号が「六〇六」で、楽屋の男性に笑われたというエピソードを残しておられます。

くっしゃみ講釈

玉造〜大阪城

逆恨みが発端

長屋の裏路地で逢引きしていた男が、ひょんなことから講釈師の先生に二人の逢瀬を台無しにされ、仕返しをしようというのが『くっしゃみ講釈』です。別に先生に悪気があったわけやないのに、これは「逆恨み」というもの。が、なぜか聴衆は男の方の肩を持ってしまいます。

純瓶　『くっしゃみ講釈』もそうですが、落語には講釈師がいじめられる演目が多いですよ。

彦兵衛　講釈のルーツは、戦国時代が終わって仕事のなくなった武士たちが、庶民のために軍記物を読み聞かせたところにあるとされますから、同じ寄席芸でも、ちょっと偉そうにしていたんでしょうね。

純瓶　今でも、講談師の人は「先生」と呼ばれます。

彦兵衛　演じる場所も、落語などの寄席と講釈場はそれぞれ別にありました。

純瓶　各町内に一つずつぐらい、大坂中にはたくさんあったらしいですね。

講談は明治以降の呼び方

落語と講談は、共に演者が一人でおもしろい話をする芸能で、「どう違うの?」という人も少なくないようです。講談は軍記物や歴史上の人物のエピソードなど、登場人物が実在しているケースがほとんどです。落語は、長屋の住民など庶民の日々の生活を切り取った滑稽噺が中心です。大きな違いは落語にはオチがあり、講談にはないということでしょうか。

かつては、講談は講釈と呼ばれました。『太平記』や『太閤記』、『難波戦記』などの軍記ものを庶民のために読み聞かせ、その意味を講釈したからその名があります。

明治になりまして、皇族や元大名などに爵位というものが授けられまして、この序列が公爵、侯爵、伯爵、子爵、男爵とあり、上から二つが「こうしゃく」でした。この「こうしゃく」様と一緒では恐れ多いというので「講談」と名前を変えました。

また、明治時代は、講談や落語の速記本が流行いたしました。その出版を手掛けて今に名を残しておりますのが「講談社」でございます。舞台で演じられている言葉をそのまま写してありますから、読みやすかった。文語体ではなく、話すように書こうという「言文一致《げんぶんいっち》」の文学運動は、この速記本から始まったのです。

八百屋お七

さて、最初に講釈を台無しにする計略の準備として「胡《こ》椒《しょう》」を調達に行きます。この行く先が「八百屋」というのも現代とはちょっと違いますね。香辛料は八百屋さんが量り売りをしていました。物忘れがひどいので、目安にするのが「八百屋お七」。火事の際に身を寄せたお寺で見染めた小姓《こしょう》の吉三に恋をしたお七が、もう一度会うには、火事が起きればいいと思い詰めて、放火をして、捕えられ火あぶりにされるという悲恋物語。「のぞきからくり」の演目にもなっていて、この噺にも登場します。

のぞきからくりは、屋台のような装置にレンズのついたのぞき穴があって、中の絵が立体的に見える仕掛けになっています。調子のよい節回しの語りに合わせて場面転換する趣向で、縁日などの出し物として人気がありました。演目には『八百屋お七』『お染久松』『小栗判官一代記』などがありました。

難波戦記

さて、ひどい目にあわされる後藤一山《ごとういっさん》先生ですが、明治時代に玉龍亭一山《ぎょくりゅうていいちざん》という講釈師が実在したそうで、この人は『太閤記』を得意ネタとし、正月から大晦日までかけて豊臣秀吉の一代記を続き読みして人気だったと言います。この噺では『難波戦記』をやってます。

頃は慶長も相改まり、明くれば元和元年五月七日の儀に候や。大坂城中、千畳敷おん御上段の間には内大臣秀頼公、おん左側には御母公淀君、介添えとして大野道犬、主馬《しゅめ》修理亮《しゅりのすけ》数馬《かずま》。軍師には真田左衛門尉海野幸村《さなださえもんのじょううんのゆきむら》、四天王の面々には後藤又兵衛《ごとうまたびょうえ》基次《もとつぐ》、長宗我部宮内少輔秦元親《ちょうそかべくないのしょうゆうもとちか》、木村長門守重成《きむらながとのかみしげなり》。七手組の面々いずれもいずれもと控えたるところ、綺羅星の如し……。

立て板に水の「修羅場読み」が聞かせどころですが、実際の『難波戦記』には、こうしたくだりはないそうで、落語の中だけのオリジナルの『難波戦記』です。本物の講釈の世界に遠慮して、本当らしい別物を仕立てているのです。

講談の『難波戦記』は豊臣秀吉の息子、秀頼とその母、淀殿が守る大坂方と、江戸に幕府を開き天下の全権掌握をもくろむ徳川家康との決戦「大坂の陣」を描いた軍記物です。

若い継承者、秀頼の振る舞いに難癖をつけて窮地に追い込む家康に対し、関ヶ原の戦いの雪辱を願う、秀吉恩顧《おんこ》の侍たちが牢人《ろうにん》となって徹底抗戦します。中でも、真田幸村と忍者軍団、十勇士の活躍が聞き所です。

太閤さん贔屓《ひいき》の大阪人にとっては、落城して豊臣が滅びる慶長二十年（一六一五）五月の夏の陣はあまり好まれず、前年の冬の陣で攻めてきた徳川勢が幸村の計略に翻弄され、撤退する様を描く演目が数多く上演されています。

真田丸を歩く

現在の大阪城の天守閣は昭和六年（一九三一）に、市民の寄付を募って建てられた鉄筋コンクリート造りの博物館ですが、最初の天守閣の建築は天正十一年（一五八三）に始まり二年後に完成。夏の陣で焼け落ちる慶長二十年（一六一五）までの三十年間存在しました。

徳川政権になってから建て直された天守閣も寛文五年

三光神社本殿

（一六六五）の落雷による火災で炎上。完成後三十九年で焼失しました。その後、再建されておりませんので、現在の天守が一番長寿ということになります。

徳川は、豊臣の城の上に大きく盛り土をし、石垣などもまったく新しく組み上げておりますので、現在は、秀吉の城の面影を見ることはできません。近年、発掘調査をして、自然石をそのまま組み上げていく「野《の》面《づら》積《づ》み」という工法の石垣が出土しております。これが秀吉の城の名残であります。

純瓶　玉造駅の近く、三光神社に真田の抜け穴がありますね。

彦兵衛　そうそう、真田幸村公の銅像も立ってます。

純瓶　あの辺が、ドラマにもなった真田丸ですか？

彦兵衛　古来、そう信じられてきて、『摂津名所図会』にもそういう記述がありますが、実際はもうちょっと西の大阪明星学園中高校の敷地辺りだそうです。

三光神社の真田幸村公の像のそばには「抜け穴」がある

純瓶　抜け穴は？

彦兵衛　のぞいてみるとわかりますが、あれは途中で行き止まりです。

純瓶　ん？　あなふしぎ！

三光神社の西側の地中をレーダー探査したところ、かなり大きな構造物があった痕跡が見つかったそうです。

その西端は、円珠庵というお寺に達しています。ここには、悪縁を切る縁切り榎木があって、幸村が戦勝を祈願して鎌を突き立てたという言い伝えがあり、縁切りを願う人たちが真新しい鎌を突き立てて祈願しています。

悪縁を断ち切る鎌八幡のある円珠庵

北側の長堀通りの一本南が空堀通り。ここは真田丸と大坂城を隔てる空堀が実際にあった痕跡で、ちょうど凹の形の地形が続いています。

冬の陣では、真田幸村の守る出丸に、越前松平隊が突出《とっしゅつ》して攻撃を仕掛け、出丸からのねらい撃ちにあって総崩れになります。

三光神社の西にある心眼寺に「出丸跡」の碑がある

守備堅固な大坂城を攻めあぐね、迫る寒波に厭戦《えんせん》気分が広がるのを見た家康は、年末に講話を進めていったん退却。城の守りの外堀や真田丸をはじめとする櫓《やぐら》を破壊し、城を丸裸にして夏の攻略に備えたのでした。

『くっしゃみ講釈』で語られるのは夏の陣で、決戦を前に、秀頼公と淀殿の前で軍議が行われようとするシーンの

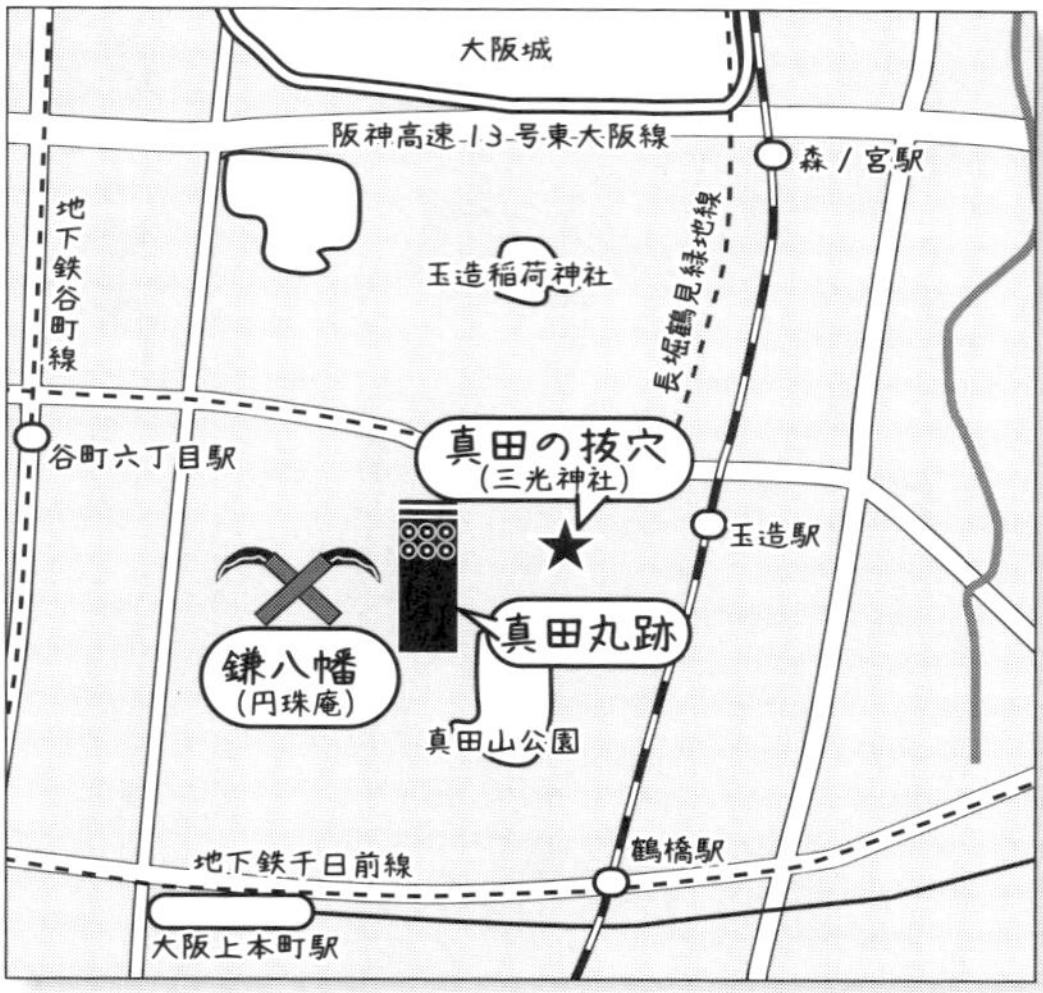

くっしゃみ講釈の舞台
玉造〜大阪城

大阪城の北側の「山里廓」には
秀頼、淀殿終焉の地の碑がある

ようです。実際はどのような作戦が練られたのでしょうか。関係者が死に絶えてしまったため、それを知る由もございません。

秀頼公、淀殿の終焉の地、大坂城にはそれと記した石碑が建てられております。

かえる石

大坂城の内堀の外側北西角に「かえる石」という大きな岩がありました。もと河内の在所の河原にあったのを秀吉が気に入って大坂城内に運び込ませたと言います。淀殿の怨念がこもり、近づいた人が石の上から身投げするという伝説があり、現在は奈良・元興寺に安置してあります。

笑福亭純瓶さんの「創作奈良落語」のモチーフになっています。

秀吉が大坂城に運び入れたという「かえる石」

桜の宮

天神橋～網島町～櫻宮

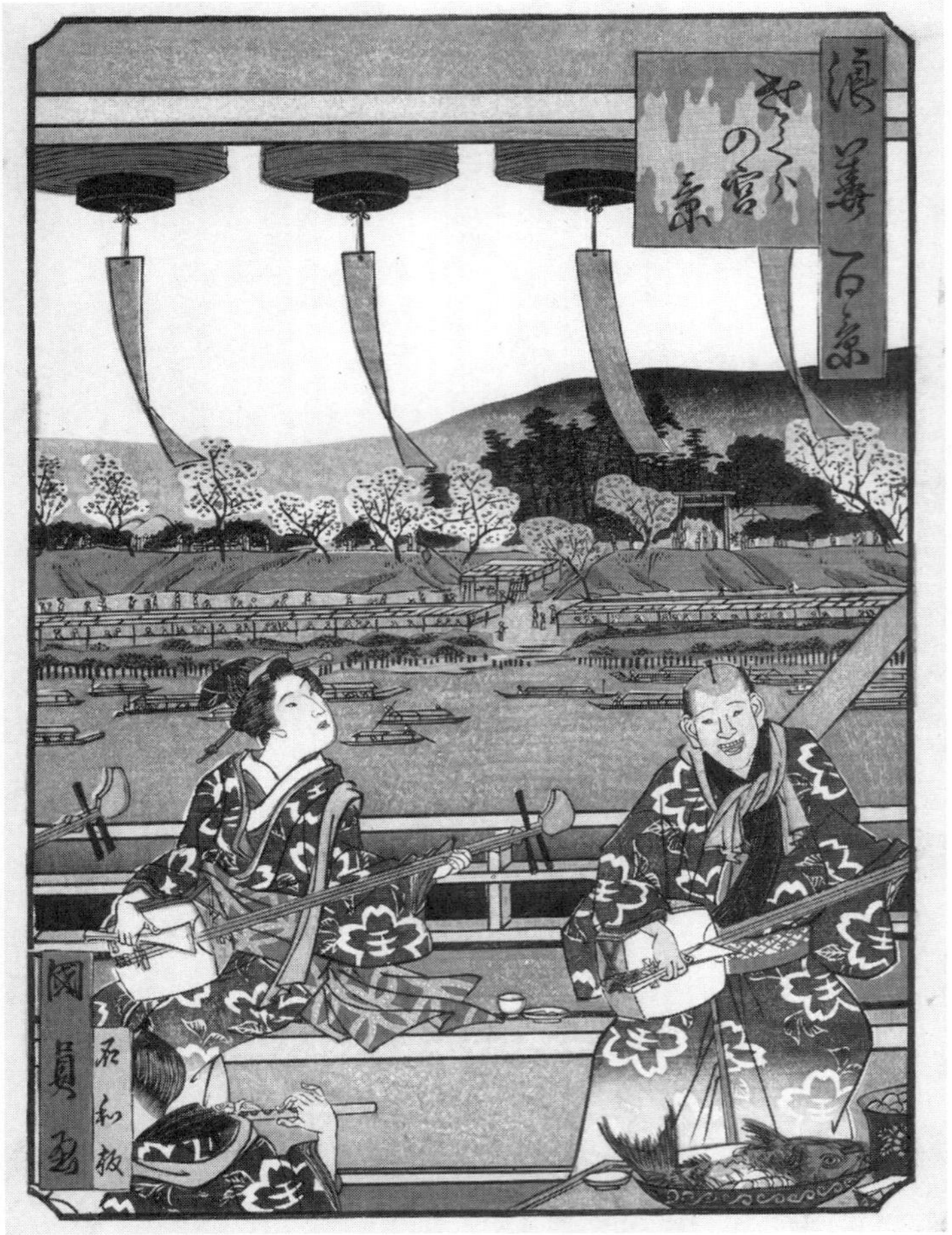

浪花百景「さくらの宮景」歌川國員画（大阪市立図書館デジタルアーカイブより）

春はお花見のシーズンでございます。その名の通り『桜の宮』は、昔から桜の名所でございます。

彦兵衛　純瓶さん、この噺はいつ頃の時代設定でしょうね。

純瓶　ま、文化文政（一八〇四～一八三〇）の頃と申しておりますのでね。江戸時代の中頃ではなかろうかと。

彦兵衛　そうですね。花見の余興に「敵討ち」の芝居ごとをして見物を沸かせようと企画して、本物のお侍さんに助太刀を申し出られて難儀する、という展開ですからね。しかし、ほんまに江戸時代にこんなことを寄席でやって、お上から叱られなかったんでしょうかねぇ。

純瓶　うーん。叱られてたら、残ってないでしょうねぇ。

彦兵衛　あ、なるほどぉ。

桜の宮とは

大阪市都島区の大川沿いに「櫻宮」というお社がございます。大川というのは、旧淀川でして、これが氾濫を繰り返すので、明治時代に大治水工事を行いまして、現在の大阪市北部を流れる大きな川に付け替えたのですが、それまでは大阪湾に流れ込むまで蛇行してたり枝分かれしていたりで、川筋もずいぶん変化があったようでございます。

ご由緒の伝承によりますと

旧東生《ひがしなり》郡野田小橋、桜の馬場字宮田にあった社殿が、元和六年（一六二〇）に大和川の洪水で流され、何度かの変遷ののち、宝暦六年（一七五六）、現在地（中野村字厨）に遷座

と、あります。

旧東生郡野田村小橋というのは、やはり大川沿いにあったようですが、地名が「桜の馬場」と言うたようですので、昔から桜にゆかりがあったと思われます。

彦兵衛　ここらは、やっぱり落語でも花見の名所ですか？

純瓶　「天保山に源《げん》

源八橋から大阪城を望む

神社「櫻宮」は今も桜の名所です

八《ぱち》、いろいろあるけど、今年は桜の宮がえぇらしぃでんなぁ」てなことを言うてますからね。

彦兵衛　天保山は、安治川河口の標高四・五メートルの日本一低い山ですね。

純瓶　今は、もっと低い山があるらしいでっせ。

彦兵衛　そう言えば、仙台の日和山が東日本大震災の津波で削られて高さ三メートルになったというニュースがありましたね。

純瓶　源八は『桜の宮』の中で、渡しのある場所になってますが、桜の宮の対岸あたりでしょうね。

準備

彦兵衛　純瓶さん、この落語の登場人物は、仇討の芝居するのに、色々準備しますね。

純瓶　そうですね。巡礼の格好をする二人と仲裁に入る六十六部《ろくじゅうろくぶ》。六部《ろくぶ》と省略して言いますが。

彦兵衛　衣装を揃えたり、かつらかぶったり。

純瓶　仕込み杖も持っていますねぇ。

彦兵衛　お花見の演目としては他にも『貧乏花見』がありますが、あの登場人物たちはほんまに貧乏ですね。

純瓶　お酒がないから、お茶薄めて飲んでますからね。

彦兵衛　それよりは、ちょっとまし？

純瓶　えらましですわ。

巡礼というのは、四国八十八箇所が大変有名ですが、関西では西国三十三所の観音霊場巡りが盛んに行われました。白装束に手甲脚絆《てっこうきゃはん》、菅笠という装束で手には金剛杖をついて鈴を打ち鳴らし札所を巡ります。ただ、実際に多くの巡礼の皆さんが、ユニフォームのように白装束を身につけるようになったのは、明治以降、団体旅行が始まってからではないかという研究もございます。

江戸時代には、普段着の上に「おいづる」という木綿の袖なしの半身の一重ものを着て、首には三十三所の納め札を掛けています。手に柄杓を持っていますが、これは「巡礼に御報謝」と、旅の軒先で路銀の提供を乞うときに使います。

文楽の『傾城阿波鳴門《けいせいあわのなると》』という演目では、三つのときに別れた父母を探し求める娘おつるが巡礼となって諸国を歩き、たまたま出会った母親のお弓が事情があって親子の名乗りができず……という名場面、

お弓　ム、、シテその親達の名は何というぞいの。

おつる　アイ、父様の名は十郎兵衛、母様はお弓と申します。

というやり取りがございますが、このときのおつるが、そういう恰好をしておりますね。

純瓶　六十六部というのも出てきますね。諸国六十六箇所に法華経を納めた御出家やそうで。作中では「頭はムシ入りのはじき茶筅《ちゃせん》、天蓋《てんがい》と言ぅ大きな笠を被りまして、負い櫃《ひつ》に金剛杖を一本ぶち込んで、前には鉦《かね》をぶら下げて、手には鈴《りん》を持っております」という恰好ですね。

彦兵衛　あの、六十六部は、りくじゅうりくぶ、と読むのが正しいのですね。

純瓶　そうかもしれませんが、ここは「ろくじゅうろくぶ」「ろくぶ」と読んでもらわんとあかんのです。

彦兵衛　あ、「三分の理」いうやつですね。

純瓶　んな、盗人みたいに言いなはんな。噺の都合というものがあります。

彦兵衛　敵役の浪人も出てきます。

純瓶　大百《だいびゃく》、大百日鬘《おおひゃくにちかづら》という鬘を用意してます。お芝居で、月代《さかやき》が伸び放題になった浪人者を演じる役者さんが着ける小道具ですね。

この天神橋南詰の交差点で二手に分かれ

経路

◇天神橋

さて、いよいよ桜の宮を目指します。

彦兵衛　一行は、天神橋の南詰で二手に分かれますね。

純瓶　難波橋の南詰で分かれるという型もありますが、私は天神橋でやってます。

彦兵衛　その方が自然でしょうね。現在、難波橋は堺筋に接続していますが、江戸時代には難波橋筋という通りがありまして、こっちにつながっていました。

純瓶　難波橋やから、難波橋筋というのは理にかなってますね。

彦兵衛　大阪の道路の名前は、堀や川に架かっている橋の名前がついていることが多いんです。今橋通、高麗橋通、心斎橋筋。淀屋橋には現在は御堂筋がつながっていますが、元は淀屋橋筋というのがありまして、昭和十二年（一九三七）に拡幅されて御堂筋になりました。御堂筋というのは、本町にある北御堂と南御堂の前の部分の名称でした。

純瓶　堺筋も拡幅されたんですか？

彦兵衛　堺筋は、もともと大阪から堺、紀州へ行く重要な道路だったのですが、この北詰には橋はありませんでした。

純瓶　橋ない川は渡れん。

京橋から大阪城を望む

彦兵衛　そら『池田の猪買い』ですがな。難波橋は一本西の筋に架かっていました。その筋が難波橋筋と言いました。

純瓶　ほぉ。

彦兵衛　ところが明治三十六年（一九〇三）に大阪市内に市電が走り始めまして、明治四十五年（一九一二）に、堺筋線が開通します。最初は難波橋を渡って難波橋筋を走る路線が計画されましたが、難波橋筋の人たちが反対したので市電の通過に耐える鉄橋に架け替えるときに、堺筋側に橋を付けるということになり、難波橋筋は裏筋になったそうです。

純瓶　今は、難波橋筋という名前も残っていませんね。

◇八軒家浜～京橋～網島

天神橋南詰を東に折れて、八軒家浜から天満橋と土佐堀沿いに歩いて京橋へと進みます。八軒家浜というのは、淀川を伏見から下ってきた三十石舟が着く船着き場。天満橋は、難波橋、天神橋と並んで浪花三大橋と呼ばれた名橋でございました。さらに東へ参りまして京橋です。

純瓶　〽京橋は、ええとこだっせ。

彦兵衛　大阪の人は、そこまで振ったら、続きを歌いますが、現在のJR京橋駅のとこまでは行きません。大阪城の北側の真正面あたりに京橋という地味ぃな橋が架かっています。

純瓶　京阪天満橋駅の東のはずれみたいな場所ですね。

彦兵衛　大阪城の北の門というのは、淀川沿いに京都へ向かう、いわば正面玄関でして、京都への橋だったので、京橋なんです。

漁師が網を干したので「網島」という地名がある

純瓶　あ、なるほどぉ。

大阪城の北側は現在、寝屋川と大川が合流しているだけですが、以前は、大和川の下流の湿地帯だった名残りがありまして、鯰江川《なまずえがわ》、井《い》路川《じがわ》、猫間川《ねこまがわ》、平野川などの河川がたくさんの中洲を作りながら大川に流れ込んでおりました。

藤田邸跡の公園の門は大長寺の遺構

落語では「御成橋《おなりばし》を渡って網島通って桜の宮へ」という道順を説明していますが、現在は京阪電車の高架の下を潜る歩道のトンネルになっております。

これを潜りますと「網島町」、昔は川魚を獲る漁師さんが網を干した島なんで「網島」でございます。

そうそう、さきほどの京橋のたもとに「京橋川魚市場跡」という碑がございます。

近松門左衛門の名作『心中天網島《しんじゅうてんのあみじま》』で、紙屋治兵衛と曽根崎新地の遊女小春が心中したのは、網島にあった「大長寺」。現在は、藤田邸記念公園となっておりまして、お寺は近くに移転しております。

明治時代に藤田伝三郎という男爵になった実業家が、ここを気に入りまして、お寺を退《の》かせてご自身の邸宅をお建てになったのです。

◇寺町～源八の渡し

天神橋の南詰で分かれた松ぁんは「松屋町筋を北へ行て、寺町から源八の渡しを渡って」桜の宮へ乗り込みます。天神橋までは松屋町筋で、渡ると天神橋筋。

純瓶　落語『初天神』もこのコースを親子がたどります。

彦兵衛　おとうちゃん、飴買ぉて、売ってたら買ぉたる、ここに売ってる……。

純瓶　はい、それです。以前は、みたらし団子売ってた店がありましてん。

彦兵衛　皆が、落語の親子のように団子の蜜を漬け直したんでしょかね。

純瓶　んな、あほなぁ。

天神橋筋三丁目の真ん中辺りを東西にお寺がずらっと並んでおります。東の端は現在の帝国ホテル大阪の辺り。西は東梅田の新御堂筋辺りまで。堀川戎《ほりかわえびす》を境に東寺町、西寺町と区分されているようでございます。

寺町の山片蟠桃の墓所

通りを歩くと「大塩平八郎墓所」の成正寺（日蓮宗）、大坂の町人学者で日本の唯物論の先覚者と位置づけられる山片蟠桃《やまがたばんとう》のお墓のある「善導寺」（浄土宗）、適塾で蘭学を教え、幕末から明治の時代を動かす人材を育てた緒方洪庵のお墓は龍海寺《りゅうかいじ》（曹洞宗）など著名人の墓所の碑を見ることができます。

緒方洪庵の墓所

落語で「松屋町筋を北へ行って、寺町から源八の渡しを渡って、向こぉから」と言うております「源八の渡し」。寺町を東に突き当たりまして、ちょっと上流に昭和十一年（一九三六）に源八橋が架かるまでは渡し舟がございました。なんと明治四十年（一九〇七）には大阪市営で運行されていたのだそうです。

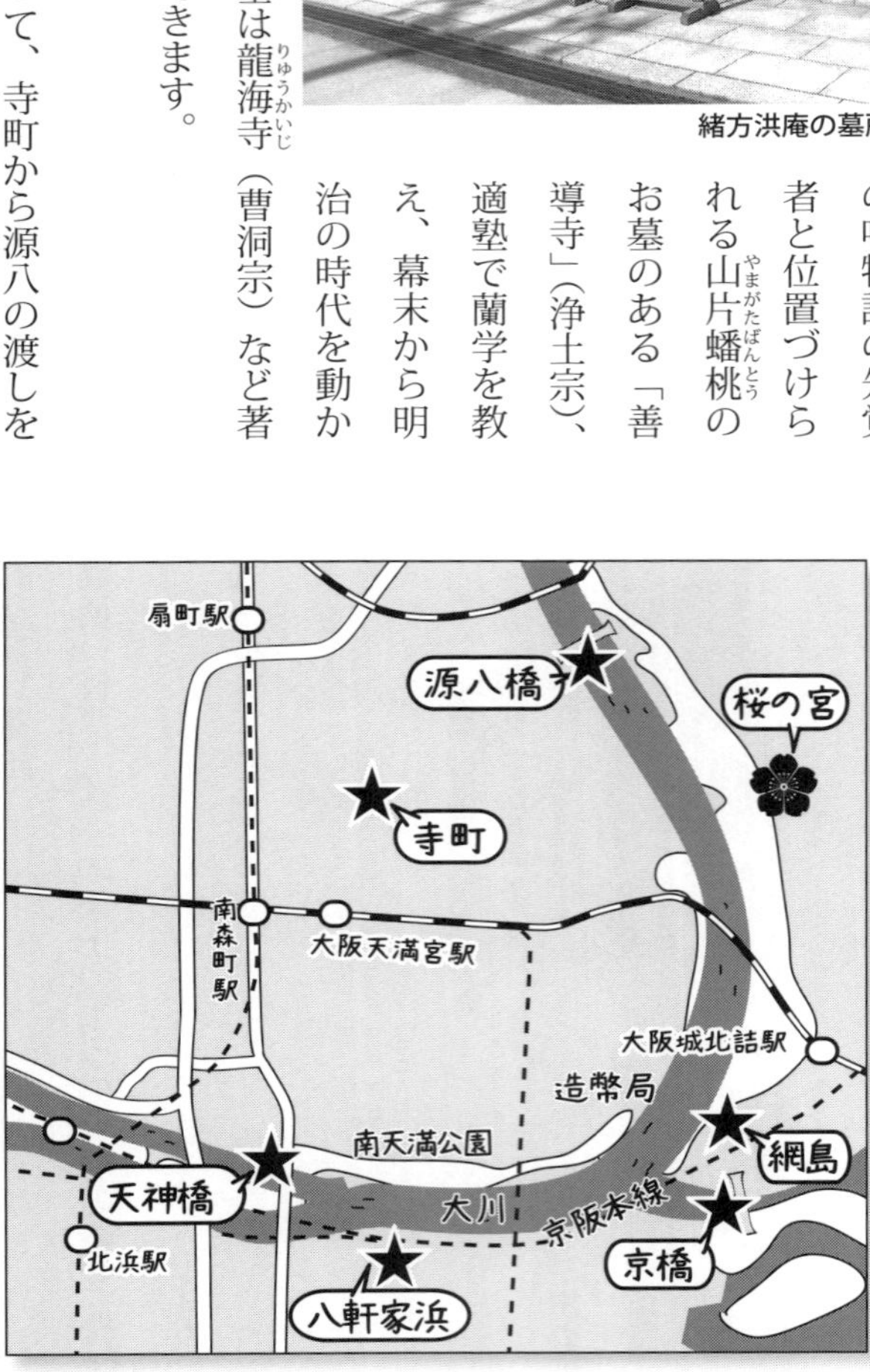

桜の宮の舞台
天神橋〜網島町〜櫻宮神社を散策

大坂の町の侍

落語の中では、庶民の花見の賑わいの中に、田舎のお侍さんが交じっていて騒動の種となるのですが、実際は、大阪に出てきたお侍は外出する日が決められていたそうです。幕府が、武士と町人の諍《いさか》いを防ぐため、特に祭礼などの見物に出かけることを禁じておりました。

また、格式によって供《とも》を従えることも決められておりましたので、一人でぶらぶら歩くのは下級武士だったそうです。

そうなると、この噺自体が、ほんまにありえたかどうか、となると「どうなんでしょうね」という気持ちにもなります。ま、罪のないお噂でございますので、ほんまかどうか、と首をひねるのも野暮なことかもしれません。

浪花百景「天神ばし風景」歌川國員画
（大阪市立図書館デジタルアーカイブより）

野崎詣り

野崎観音参詣

毎年五月一日から八日まで大東市の福聚山《ふくじゅさん》慈眼寺《じげんじ》（野崎観音）で開かれる「無縁経法要」は、「野崎詣り」として親しまれ、多くのご参詣の皆さんで賑わいます。有縁無縁のすべてのものに感謝のお経をささげる行事で、お染久松の悲恋物語の舞台としても親しまれております。

彦兵衛　お染久松は、切っても切れない縁で結ばれた男女という意味で、落語の中でもよく登場しますね。

純瓶　はい、たとえば『愛宕山』では、京都の愛宕詣りの途中で谷間に設《しつら》えた的にかわらけ……素焼きの盃ですが、これを投げる遊びをする場面があります。二枚いっぺんに投げて付かず離れず飛んで行き、二つとも的に投げ込むのを「お染久松比翼投げ」と名付けてますね。

彦兵衛　蛇含草《じゃがんそう》でお餅を食べるシーンにも出てきます。

純瓶　食い意地のはった男が餅の大食いに挑む噺ですね。曲食いというのを見せるというので餅を二つ投げて上手に二つとも受け止めて食べてしまう……こっちも「お染久松夫婦《みょうと》食い」というのをやってます。

お染久松というのは、安永九年（一七八〇）初演の近松半二作『新版歌《しんぱんうた》祭文《さいもん》』の主人公の二人、大坂東横堀瓦屋橋の油屋の一人娘「お染」と店の丁稚「久松」との恋物語。主従関係にある二人の恋は当時、許されぬ恋でした。「この

現在も多くの参詣者が訪れる野崎詣り

世で添われねば、あの世で」とついに心中を遂げます。
初演の七十年ほど前に実際にあった心中事件を題材にしたもので、『新版歌祭文』に先立って、別の外題で人形浄瑠璃や歌舞伎にもなっていました。それで「新版」です。
『新版歌祭文』では、お店で横領の嫌疑を掛けられて養父のいる野崎村に戻されていた久松の元に、お染が「野崎詣りに行く」という口実で訪ねてくるという設定になっています。

慈眼寺本堂

彦兵衛　養父の久作に、許されぬ仲の恋をあきらめるよう諭されて、お染は船で、久松は土手を歩いてお店に帰ります。

純瓶　あ、文楽でも水路と陸路に別れるんですね。

彦兵衛　はい。同じ演目で歌舞伎にもなっていますが、こちらは通常は下手だけの花道を上手にも設えて両花道という華やかな演出でやることが多いようですね。

純瓶　どこからどこまで船を使ったんでしょうね。

彦兵衛　大坂の八軒家浜、天満橋の南詰辺りですが、ここから船で住道《すみのどう》まで行って、そこで小さな舟に乗り換えて、参道の近くの観音浜まで行くというルートがあったようです。

純瓶　落語の野崎では、途中、寝屋川で舟に乗りますね。

彦兵衛　お金持ちはずっと船でというような贅沢ができたのでしょうが、落語の主人公たちは庶民ですので、出費軽減のために歩いたのでしょうね。

大坂の東、生駒山の西麓《せいろく》は太古には大阪湾が深く入り込み「河内湾」という大きな入り江になっていました。だんだんと土砂が堆積するなどで干潟のような低湿地帯になったのですが、大和川が北に流れて淀川と合流していましたから、しばしば氾濫しました。このため元禄十六年（一七〇三）から翌年にかけて大和川を現在のような堺方面への川筋に付け替える大工事が行われたのです。これにより鴻池新田をはじめとする耕地が開拓され開発が進みましたが、低湿地であることに変わりなく、縦横に水路が巡らされた水郷地帯でした。

現在の徳庵堤。コンクリートの高い塀が続く

彦兵衛　『新版歌祭文』に先立って、享保六年（一七二一）に近松門左衛門の『女殺油地獄』という戯曲が、人形浄瑠璃で上演されています。放蕩息子がお金欲しさに知人の油屋のお内儀を殺してしまうという、これも実際の事件に取材したワイドショーみたいな演目ですが、このトップシーンが、「徳庵堤の場」といって、野崎詣りの船着き場が舞台になっています。この船着き場はJR徳庵駅あたりにありました。

純瓶　東海林太郎さんが直立不動で歌った「野崎小唄」に、「〽野崎詣りは屋形船で詣ろう」という歌詞があります。屋形船に乗ったんですかねぇ。

彦兵衛　江戸時代の名所案内『河内名所図会』などには、屋根のない小舟に乗っています。住道までは寝屋川をさかのぼるのですが、そっちの方が屋形船だったのかもしれません。

純瓶　土手を行く人と船の人で悪口の言い合いをしたそうですが、屋根のない方がやりやすいでしょうね。

彦兵衛　そ、やねぇ。

純瓶　もぉ、よろしいわ。

舟と土手との悪口を言い合うのは江戸時代からあった風

習です。祇園のおけら詣り、讃岐の金毘羅詣りにも同様の風習があり「三詣り」と言うんやそうです。『河内名所図会』の解説にも「あるは川舟に棹さして、道行く人と言葉戦いして、詣する輩多し」と書いてあります。

住道は、大坂から奈良へ峠を越える東西の古堤街道《ふるつつみかいどう》と南北の河内街道、東高野街道の交差点に当たり、また水運も盛んでしたので交通の要衝《ようしょう》として栄えました。水上運行の安全を祈願する住吉神社が「角堂《すみのどう》浜《はま》」に鎮座して、水運の起点になっていました。現在は、恩智川と寝屋川が合流するコンクリートの高い堤防に囲まれた場所にあって、ちょっと見ただけではどこにあるかわからないようになっています。

JR 住道駅前にある「角堂浜住吉神社」

大東市は昭和になっても、水害に悩まされ続け、その教訓から寝屋川の堤防は人間の背丈をはるかにしのぐ高さに設計されており、橋も自動車用はスロープで、人間は階段で、かなりの高低差を越えなくてはなりません。

住吉神社は寝屋川（左）と恩智川（右）の合流点にある

彦兵衛　純瓶さん、野崎詣りは、観音さんにお詣りするところはないのですね。

純瓶　そうです。喜六が舟の上ですかたんばっかりやって、最後に背が低いのをからかわれて「山椒はぴりりと辛いわい！」と言い返すのですが「小粒が落ちてるぞ」と指摘されて「どこに」と探すというのがオチですから。

彦兵衛　ことわざの「山椒は小粒でぴりりと辛い」の小粒が抜けているというのですが、小粒というのは豆板銀や二分金などのお金のことですね。

噺にはなくても、せっかくですからお詣りしましょう。

野崎詣りは福聚山慈眼寺の本尊、十一面観音像（秘仏）が享保六年（一七二〇）に、観音堂の修理を記念して特別公開されました。その落慶供養の参拝が起源とされています。

十一面観音は行基の作と伝わりますが、創建については兵火にあって記録が失われ詳《つまび》らかではありません。

平安時代に、江口の君という淀川河口にいた女性が重病になり、奈良の長谷寺にお詣りし「野崎の十一面観音像を礼拝せよ」というお告げを受け、さっそくお詣りして七昼夜祈願したところ病が癒えたため、そのお礼として伽藍の建立など再興に努めたと伝わっています。

野崎観音中興の祖と言われる「江口の君」のお堂

本堂の隣には江口の君を祀るお堂があり、女性の守り神として信仰を集め、境内にはお染久松の碑があって、悲恋の二人の霊を慰めています。

ちなみに『女殺油地獄』の初演の年は、この秘仏を御開帳するようになった最初の年やそうで、野崎詣りの賑わいのはじめです。近松門左衛門はそんな当時のニュースも戯曲に反映したのですね。

桂春団治さんの出囃子は初代から当代（四代目）まで「野崎」という曲です。これは、お染久松が水路と陸路に別れて大坂を目指す場面の浄瑠璃の伴奏をアレンジしたものです。

東海林太郎さんの「野崎小唄」の前奏にもさわりが盛り込まれています。現代の野崎詣りにはＪＲ学研都市線（片町線）の野崎駅からまっすぐに参道を行くのが便利です。沿道にはたくさんの露店が出て賑わいます。ここでも「野崎小唄」が流れています。

ということで、本日はこの辺で。

お染久松の碑

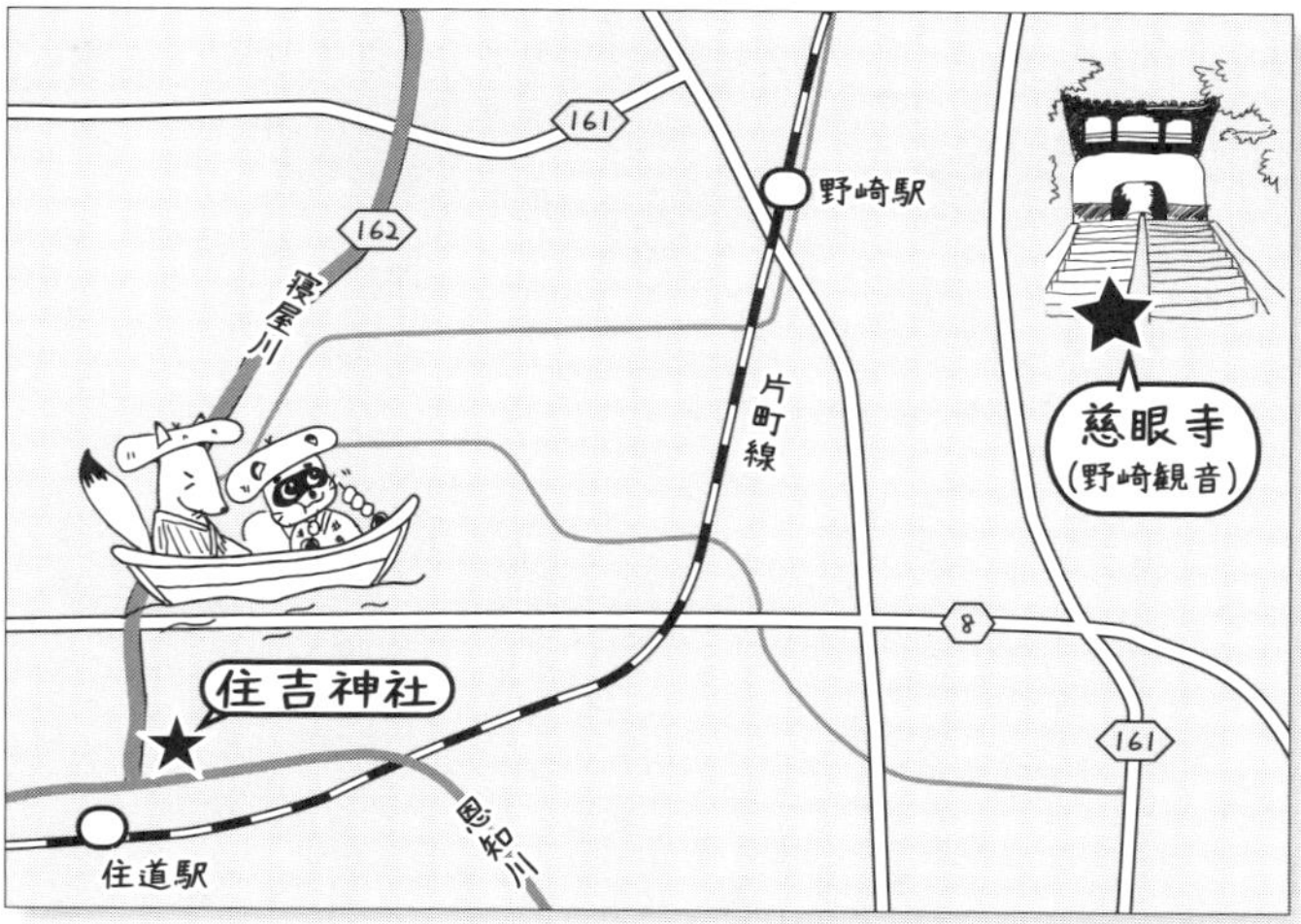

野崎詣りの舞台
野崎観音参詣

浪花百景「浪花橋夕涼」歌川国員画（大阪市立図書館デジタルアーカイブより）

遊山船

本町橋～葭屋橋（東横堀橋巡り）～難波橋

夕涼みの大川

大坂の夏は、大川、中でも難波橋辺りで涼を求める人が多かったそうで、そうした絵がたくさん残されています。『遊山《ゆさん》船《ぶね》』はそんな夏の風物詩を貧富の差を際立たせて笑いの種にしつつ、憂き世を楽しく過ごす貧しい人たちに寄り添った噺です。

浪花百景の「浪花橋夕涼」という絵には、橋の下を屋形船で繰り出すシーンが描かれています。本日は、喜六清八が町中から難波橋まで出かけたルートにそって東横堀川の辺りを北上してみようと思います。

純瓶　あれ、古地図では中之島は難波橋の西にありますね。

彦兵衛　大水が出て、流されたんでしょうかね。

純瓶　そんなあほな。

大川は昔からよく洪水を起こしていましたから、時代によって川幅や中之島の様子はかなり違います。天満橋の南詰めの八軒家浜も、元は現在の土佐堀通りの南側辺りにあったと言い、永田屋という塩昆布屋さんの店先に八軒家浜跡の碑があります。中之島は明治以降、大川の浚渫《しゅんせつ》で出た土砂を東側に埋めて拡張され、延びてきたので現在は天神橋の東側に東端があります。

今も涼を求めて、大川で船遊びが行われます

八百八橋は数の多いたとえ

難波橋、天神橋、天満橋はいずれも大川を一気に渡る約二百メートルの長大な木橋でした。この三つの橋を「浪花三大橋」と言い、名所として知られています。

大坂は水の都と申します。天下の台所で各藩の蔵屋敷が置かれ年貢米を換金したり、様々な産物を集積したりする経済拠点でしたので、そうした大量の物資の輸送に水運が活用されました。大阪市の市章はこの水路の安全を示す澪《みお》標《つくし》を図案化したものです

また、水路に架かった橋がたくさんあったので「浪花の八百八橋」と言われますが、これは数の多いことのたとえ

で、実際は時代によって前後しますが百三十前後だったと言われます。

純瓶　数えた人があったんですね。

彦兵衛　そら、橋は交通の要所で、お城の防衛上も重要ですからね。しっかり管理されておりました。

純瓶　たしか大坂は幕府の直轄地でしたね。橋も幕府が架けたんですか。

彦兵衛　いいえ。幕府が管理したのはこのうちの十二だけで、あとは大坂の町人たちがお金を出し合って架け、管理もしていました。

公儀橋は、浪花三大橋のほか、東横堀の農人橋、本町橋、高麗橋、お城の北側の京橋、備前島橋、野田橋、東に回って鴫野橋《しぎのばし》。それに堺筋の長堀橋、日本橋の計十二橋です。

東横堀橋尽くし

それでは、町中から夕涼みに出かける喜六、清八の足取りを追って、

「現代の浪花三大橋」

昔はどの橋も巨大な木橋でした。現在は車が通る鉄筋の橋です

難波橋

天神橋

天満橋

南から北へ。普通の道路を歩いたのではちょっと芸がないので、東横堀川に沿って「橋尽し」のコースを楽しもうと思います。

本町橋

東横堀川は、谷町筋と堺筋の間に流れる運河です。豊臣秀吉が大坂城の外堀として開削しました。本町橋は防衛拠点の橋で、大坂冬の陣では豪傑、塙団衛門直之《ばんだんえもんなおゆき》が守備し、寄せ手の蜂須賀至鎮《はちすかよししげ》の陣に夜襲を仕掛けています。

本町橋

純瓶　落語では、本町橋は河童の名所ですね。

彦兵衛　ほお。

純瓶　『商売根問』という演目では、気楽な男が商売のタネに河童を捕まえようと本町橋にやってきます。

彦兵衛　捕まえますか？

純瓶　さ、それは寄席に来て落語を聞いてください。

東詰は西町奉行所のあった場所です。忠臣蔵の四十七士を支援したとされる天野屋利兵衛の碑があります。

大手橋（思案橋）

もと思案橋と言われていたのを大正時代にお城の大手（正面）に通じるので大手橋に改称されました。築城の際に豊臣秀吉が御伽衆《おとぎしゅう》の曾呂利新左衛門《そろりしんざえもん》に名前を考えさせたけど、思いつかずに思案した

大手橋（思案橋）

ので思案橋になったとされています。曾呂利やなしに五奉行の増田長盛《ましたながもり》に命じたとも言われます。また、この橋は西詰が突き当りになっていて、どっちに行くか迷ったから思案橋、という説もあります。

平野橋

平野橋（上）と高麗橋（下）

平野橋から始まる通りの東に神明神社、西に御霊神社があり、定期的に夜店が開かれるなど、両社の門前の盛り場として賑わっていました。

高麗橋

公儀橋でも特に重要な橋とされました。大坂城と市中を直結する道路で、京街道や中国街道、紀州街道など主要道路の起点とされ、明治時代には大坂からの距離を測る際の基準点となる里程元標《りていげんぴょう》が置かれました。現在は国道一号と二号の接続点にある道路元標に役割が移り、高麗橋には石碑が残されています。

西詰には城郭のような櫓《やぐら》を持った屋敷があり、名所になっていました。これは武家の屋敷で

高麗橋東詰めの「里程元標跡」の碑

はないのですが、かつて三の丸の城壁があったお城に面した建物ということで、特別にこうした仕様にされたと言われます。西詰には高札場《こうさつば》もあって、宝永五年（一七〇八）の大火の際に、掲示してあった高札を積んで避難した牡蠣船の船頭、五郎座衛門が、その褒美として大阪一円の牡蠣船の営業権を許されたと言います。

今橋と葭屋橋はV字型にくっついてる

今橋、葭屋橋《よしやばし》

今橋と葭屋橋は、土佐堀通りの分岐点でV字型にくっついていますが、元は別々に架かっていました。今橋は船場、北浜の町へと続きます。天王寺屋五兵衛、平野屋五兵衛、鴻池善右衛門、淀屋などの豪商が軒を並べ長者町と呼ばれました。

葭屋橋は天明四年（一七八四）に開発された「蟹江遊郭（築地）」に向かうために架けられた橋です。ちなみに蟹江遊郭は土佐堀通に市電が開通したとき、道路が拡幅されて人通りが分断され、寂れてしまったということです。

難波橋

純瓶　難波橋は、四隅に口が啊《あ》と吽《ん》になっているライオンが座ってます。

彦兵衛　そうそう、元々大きな反り橋でしたから、橋の真ん中から見渡すと上流下流に十六も橋が見渡せたそうです。それでライオン橋。

純瓶　ほぉ、何で？

彦兵衛　獅子（四四）十六です。

純瓶　ほんまですかぁ？

彦兵衛　橋の半ばの顕彰碑《けんしょうひ》にもそう書いてありますよって、あながち嘘やおまへんやろ。

16 もの橋が見渡せたから獅子（四四）の像が？

明治九年（一八七六）に鉄橋に架け替えられ、東に埋め立てて拡張された中之島から見たら、南北それぞれに架かる形になりました。現在の橋は大正四年（一九一五）、堺筋に架けられたものです。

それは市電の敷設計画を、当時の難波橋と接続していた難波橋筋の人々から反対運動が起き、一筋東の堺筋に市電を接続するように変更されたからです。そのときに現在の難波橋（当時は新橋）ができ、旧難波橋は後に撤去されました。

江戸時代の名所案内の一つ『澱川《よどがわ》両岸景勝図絵』には、にぎやかな難波橋の夕涼み風景が活写されています。たくさんの屋形船が出て、中には船頭さんが手持ちの花火を打ち上げている様子もあって川面は大変にぎやかです。手前の岸にも大勢の人出があります。あんまや白玉、にゅうめん、甘酒・豆茶など露店もあって、岸辺は岸辺でにぎやかです。

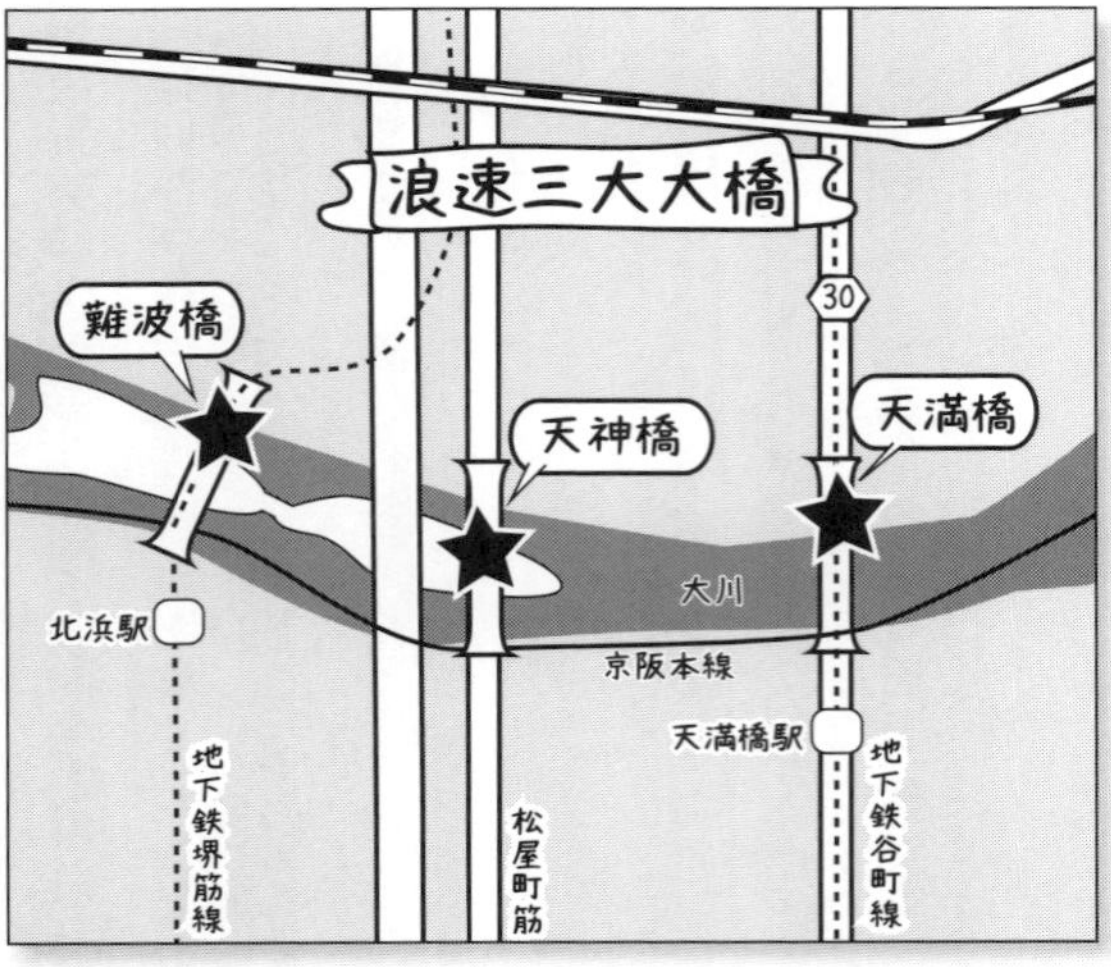

遊山船の舞台
本町橋～葭屋橋（東横堀橋巡り）～難波橋を散策

崇徳院

高津宮周辺

高津宮

高津さんで親しまれる高津宮は、御祭神が仁徳天皇。上町台地の中程に鎮座しております。現在はビルに囲まれて、境内の展望台からは何も見渡せませんが、昔は高台になっていて、大阪市街地はもちろん、大阪湾、六甲山までも一

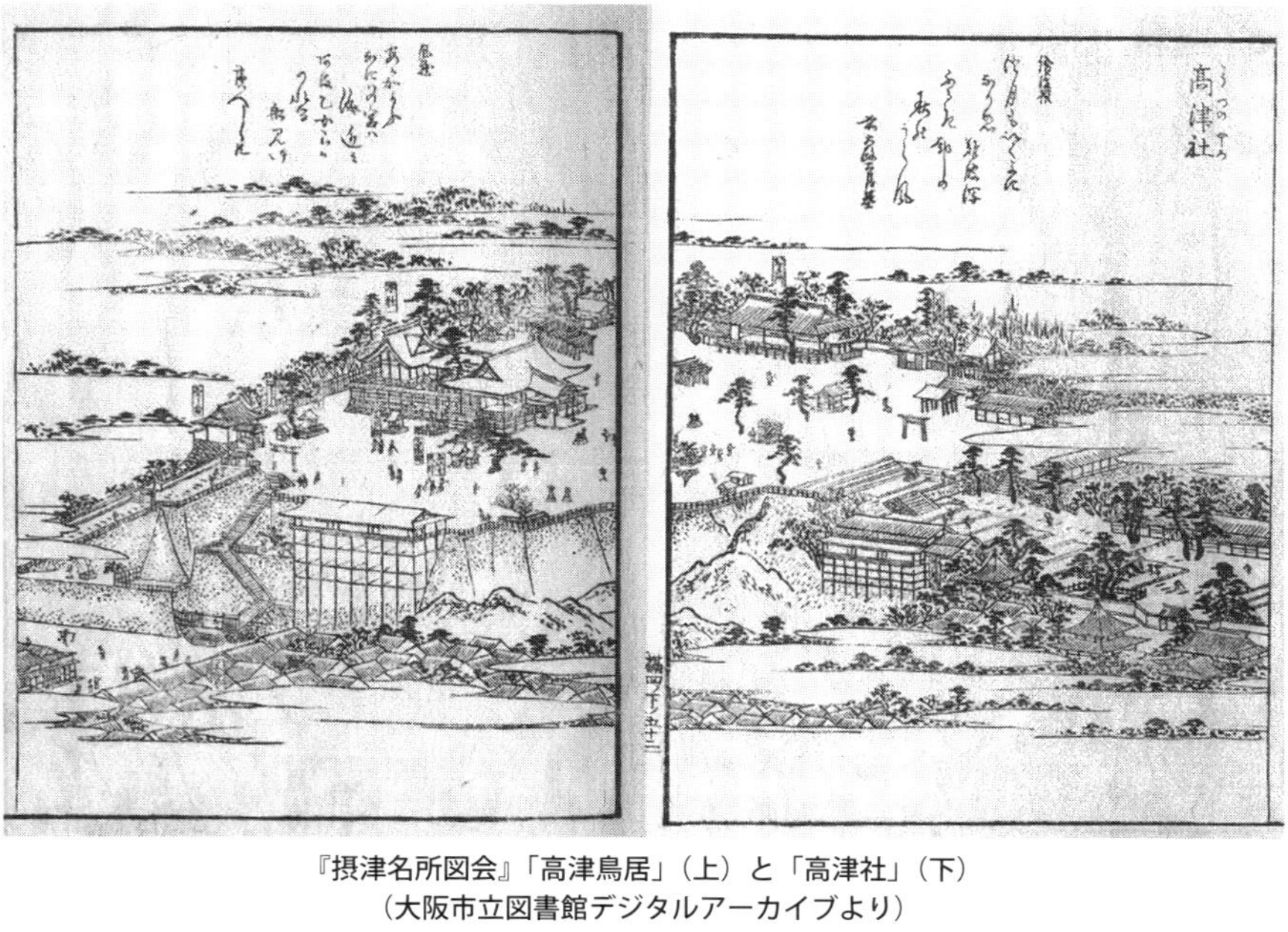

『摂津名所図会』「高津鳥居」（上）と「高津社」（下）
（大阪市立図書館デジタルアーカイブより）

望できる「絶景スポット」でした。

高津さんの茶店

『摂津名所図会』『摂津名所図会大成』などという江戸時代の観光解説書に載っている絵を見ますと、境内の様子は現代の配置とほぼ似ていますが、西端の高台から市街地に降りる階段の様子などが少し違うようです。

高津宮にある展望台。ここから今はビルしか見えない

純瓶　鳥居があって、梅之橋、梅之井、階段を上って本殿と今もその通りの配置ですね。

彦兵衛　空襲で焼け野原になったのですが、往時の様子に復興されています。

純瓶　若旦那とお嬢さんが出会う茶店もありますね。

彦兵衛　展望台のようになった舞台の南側にあります。湯豆腐が名物だったようですよ。

純瓶　湯豆腐？　分厚く切った羊羹じゃないんですか。

彦兵衛　そんな時代もあったのかもしれませんね。

緋塩瀬の茶袱紗

若だんなとお嬢さんを結び付ける決定的な小道具が「ひしおぜのちゃぶくさ」です。漢字で書きますと緋塩瀬《ひしおぜ》の茶《ちゃ》袱紗《ぶくさ》です。緋は濃い赤。緋色という色彩ですね。塩瀬は絹織物の種類でして細い縦糸に太い横糸を使って織り上げた布地です。これを使ったお茶道具の袱紗。

大きさは流派によって多少の違いがありますが、九寸余（約二十七センチ）と八寸八分（約二十六センチ）で男物は紫、女物は緋色です。サイズは、千利休が南蛮船の西洋人が持っていたハンカチを見て考案したとされていまして、西洋のお芝居にありがちな「お嬢さん、ハンカチを落としましたよ」という男女の出会いのシーンと状況設定は同じです。

で、忘れ物を手渡されたお嬢さんが、茶店で借りた料紙《りょうし》にしたためた歌が、

「せをはやみ　いわにせかるる　たきがわの」

崇徳院さんのお歌の上の句のみ。

これを見た若だんなが、

「われてもすゑに　あはんとぞおもふ」

の下の句に思い至り「また逢いたい」という心を伝えたと知って患いつく……。

なんと純情な二人でしょう。

純瓶　百人一首で恋心を囁くなんて、雅《みやび》ですね。

彦兵衛　このやりとりが成立するには、お互いに百人一首くらいは諳《そら》んじていて、かつ、そのうちに秘められた別の意味までも理解しなくてはならないんですね。

純瓶　私ら、一つも覚えてませんわぁ。

彦兵衛　そんなことないでしょ、ちはやふる　かみよもきかず　たつたがわ、とか？

純瓶　からくれないに　みずくくるとは。あぁ、落語のネタにありますね。

彦兵衛　寺子屋などで読み書きを教えていましたから、日本の庶民の文化水準は高かったようです。

言葉遊び

大坂の人は、洒落言葉、言葉遊びが好きだったようですね。落語『青菜』には大家の旦那さんが出入りの植木屋さんに御馳走して、ふと青菜を食べようと思ったところが、お勝手の方では青菜を切らしていた。

奥さんが客間に来て

「鞍馬より牛若丸が出でまして、名も九郎判官」

と言う。旦那さんはそれを聞いて

「義経、義経」

純瓶　菜は食ろうてしもうて、もうない。という謎で、旦さんがそれなら、もうよしにしなさい、で義経。

彦兵衛　落語では、即興のやり取りということになってますが、あんなんばっかり言うてたんでしょうね。

落語『遊山船』では、難波橋の下を通る稽古屋の船の一団がそろいの碇の模様の浴衣を着ているのを見て

「さッても綺麗ぇな碇《いかり》の模様」

とほめたところ、稽古屋の衆がすかさず

「風が吹いても、流れんよぉに」

と応じていいます。

このほか、船場の商人の洒落言葉にこんなんがあります。

白いむく犬（尾もしろい）↓おもしろい

ややこの行水（たらいで泣いてる）

↓お金が足らず泣いている↓商売あがったり

夏場の蛤《はまぐり》（みぃくさって　かいくさらん）

↓見るだけで買わない客

牛のおいど（もぉのしり）↓物知り

風呂屋に床屋

彦兵衛　若旦那を探し歩いて、熊はんは床屋と風呂屋で情報収集をしますが、これは江戸時代のことではないかと思うんです。

純瓶　でも、母屋の旦さんは、お礼に三百円と言うてます。

彦兵衛　そうなんですが、床屋や風呂屋で時間つぶして噂し合ったというのは、二階に待ちあいのようになった部屋のあった風呂屋だったり、髷《まげ》を結うのに時間がかかった床屋の様子だったりするんじゃないかと思うんですね。

江戸時代の風呂屋は、湯船が柘榴口《ざくろくち》という小さな出入り口の奥にあり、二階には座敷があって、風呂から上がったお客さんたちは、そこで世間話をしたり将棋を指したりし

て時を過ごしました。また床屋も落語『浮世床』に描写されているのですが、待ち合いで様々なことをして暇つぶしをしていたようです。

優曇華の花

床屋で、ようやく探すお嬢さんの身元が知れる大団円。相手の家の出入りの職人につかみかかって言うのが「おのれに遭おうとて艱難辛苦《かんなんしんく》は幾何《いくばく》ぞ、今日此処で出会いしは、優曇華《うどんげ》の花咲く春の心地して……」

これは、仇討ちのときに、めでたく仇に出会ったときに勝負を求める決まり文句です。

ここに出てくる優曇華の花というのは、三千年に一度その花の咲くときは転輪聖王《てんりんじょうおう》が出現するというインドの想像上の植物で、その開花に出会うほど稀有のことという意味です。

ただ、クサカゲロウ類が産みつけた卵が短い柄についていて花の芯のように見えるので、俗にこれを「優曇華の花」と言うことがあります。最近はそういうこともないのでしょうが、私は、子どもの頃に台所でこの優曇華の花を見たことがあります。

ということで、本日は、これまで。

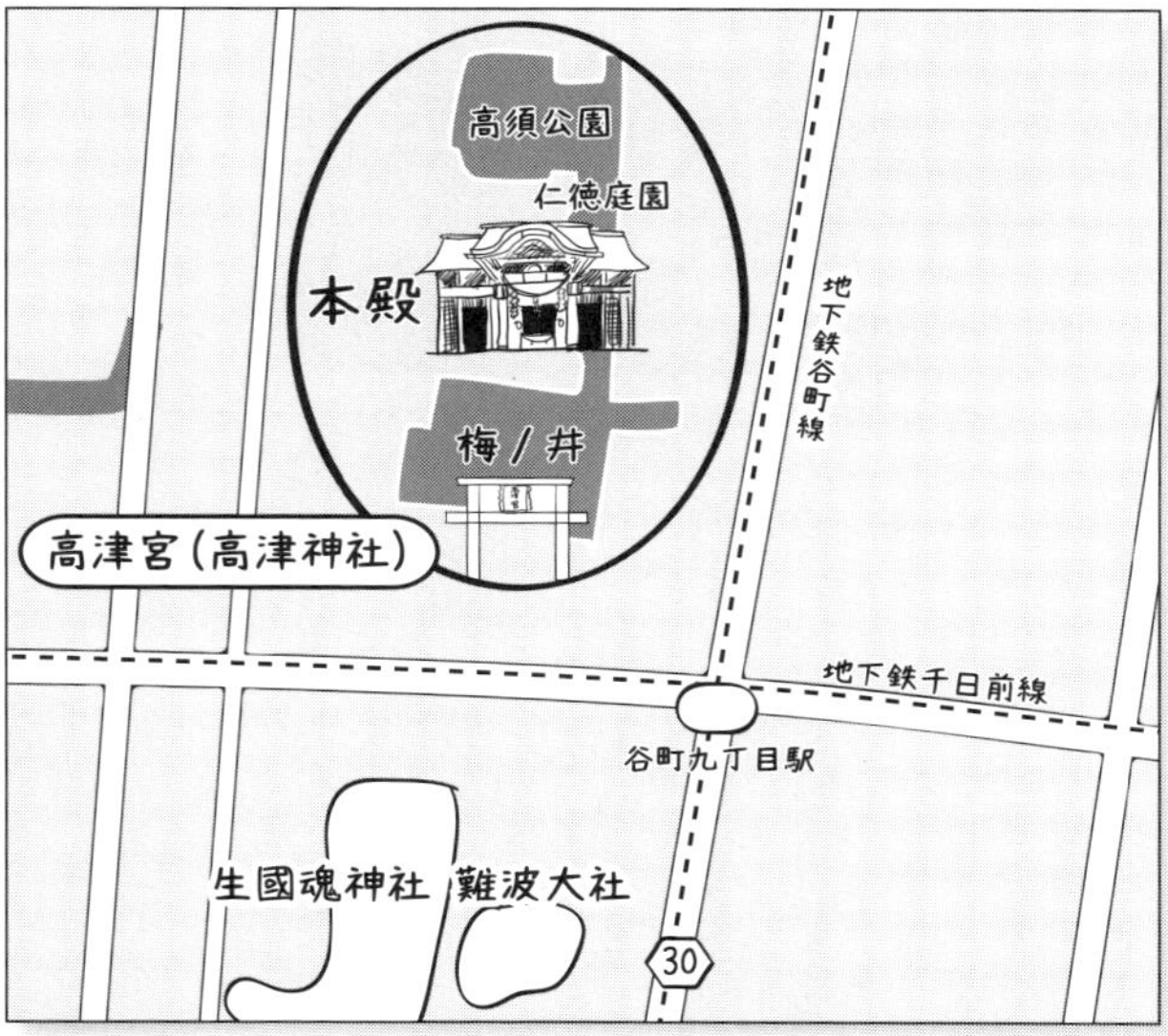

崇徳院の舞台
高津宮周辺を散策

天王寺詣り

四天王寺境内

浪花百景「四天王寺」歌川芳雪画（大阪市立図書館デジタルアーカイブより）

「天王寺さん」へお詣り

大阪の人は、なんでも「さん」つけますな。現在もお彼岸やお盆、大晦日から初詣などには大勢の人で賑わいますね。「天王寺詣り」はそんな風景を活写しています。

純瓶　天王寺さんと呼んでますけど、ほんまの名前は四天王寺ですね。

彦兵衛　和宗《わしゅう》総本山四天王寺と申しまして、聖徳太子の創建による日本で最初の仏教官寺《かんじ》です。

純瓶　聖徳太子さんと言いますと、ずいぶん古いですね。

彦兵衛　日本に仏教が伝わった六世紀の中頃に、これを崇拝するか、しないかでもめまして、崇拝する方を主張した聖徳太子と蘇我氏の勢力と、物部氏との戦いが起きました。このときに「戦に勝ったら仏教をお守りする四天王をお祀りする寺院を建てます」という誓いを立てて、戦に勝ちはったんですね。それで、このお寺を建てました。推古元年（五九三）のことです。

西門の石の鳥居は重要文化財

純瓶　それで正式には四天王寺さんなんですね。

というわけで、ここはお話の順に、甚兵衛はんと喜六がやってきた、「西門の石の鳥居」です。元は木の鳥居やったそうですが永仁二年（一二九四）に僧忍性《にんしょう》が石の大鳥居にいたしました。以来、ずっと石の鳥居です。お寺に鳥居というのはけったいな取り合わせのようですが、日本では古来、神聖な場所への「結界」には、鳥居が設けられたのやそうです。

この鳥居を見上げると、喜六が「大きな塵取り」と言うた扁額《へんがく》が上がっております。甚兵衛さんが「箕《み》」と言うてます。

この箕というのは昔の農具でして、お米などを脱穀する際、不要なゴミや小片を取り除くのに穀物をすくって、選別する笊《ざる》です。馬蹄形に枠があって一方が開いています。石の鳥居の扁額も下の一辺がなくて「衆生をすくいとる」という形やそうですね。

箕《み》には「釈迦如来　転法輪処　当極楽土　東門中心」と書いてございます。これは、聖徳太子の真筆とも、弘法大師が書いたとも、小野道風の筆になるものとも言われていると、江戸時代の観光案内書『摂津名所図会』に紹介されています。

純瓶　喜六が、四四の十六文字書いてある、と言うてますが、ほんまに十六文字ですね。

彦兵衛　はい。しゃかにょらい、てんぽうりんしょ、とうごくらくど、とうもんちゅうしん、と読み、お釈迦さまの教えを説かれた場所。ここがまさに極楽の東門です、という意味ですね。

純瓶　西門やのに東門とはこれいかに？

彦兵衛　それは後ほど。

四四十六文字書いてある？

西門に沈む夕日を拝む

さらに進みますと西大門、極楽に通じるというので極楽門とも申します。門に取り付けてあるのが「転法輪」。これを右に回すことで邪気を払います。

彼岸の中日には西の鳥居の向こうに夕日が沈む。極楽浄土を念じます

転法輪を回して西門をくぐる

さて、先ほどの東門の謎解きですが、この西大門から石の鳥居を見ますと、お彼岸の中日には、まーっすぐ西に夕日が沈みます。仏教では、この方角に阿弥陀如来の浄土、西方浄土があると考えまして、入り日を拝んで極楽浄土へ逝くことを願いました。つまり西方浄土の入り口ですから人間界では「西門」。極楽の方から見ますと、

これが「東門」ということになるのでございます。

ここから夕日を拝む風習は、お釈迦様の入滅後千年を経て世の中が乱れる末法の世となり、そのときに衆生を救うのが阿弥陀如来だと信じられていた平安時代にさかのぼります。

ここで、夕日を拝み浄土を念ずる「日想観」を行いました。「にっそうかん」とも「じっそうかん」とも読みます。天皇家や藤原氏一門、空海、法然、親鸞などが日想観を行っています。夕陽丘という地名にはそういう由来があります。

純瓶　ここでお寺の方を見ますと、五重塔がそびえています。

彦兵衛　四天王寺は、南大門、仁王さんのいる中門、五重塔、金堂、講堂が一列に並ぶ四天王寺様式という独特の伽藍配置になっています。

引導鐘ゴンと撞きぁ

講堂の北側にあるのが北鐘堂、亀井堂、石舞台、六時礼賛堂です。北鐘堂では、亡くなった人の戒名を経木《きょうぎ》に書いて、供養の鐘を撞いてもらいます。引導鐘というのがこれですね。供養してもらった経木を亀井堂に湧く白石玉出の水に流すと極楽浄土に往生できるそうです。

石舞台では、四月二十二日に聖徳太子を偲んで営まれる聖霊会舞楽大法要の際に、古式にのっとった舞楽が奉納されます。六時礼賛堂は、薬師如来と四天王を祀る中心道場で、元

引導鐘を撞いていただく北鐘堂

蘇利古をデザインしたハンカチ

和八年（一六二三）に建立された重要文化財です。

彦兵衛　舞楽で使われる布製のお面「蘇利古《そりこ》」をデザインしたハンカチを売っていました。

純瓶　これとよく似た神様が、ジブリ作品の「千と千尋の神隠し」に登場しますね。

彦兵衛　あれは、春日大社のお面と解説されていたように思いますが、きっとルーツは同じなんでしょうね。

純瓶　境内に、変わった字体の幟《のぼり》がたくさんあります。南無阿弥陀仏と読めますが。

彦兵衛　番匠器名号《ばんしょうきみょうごう》と言って一画一画が大工道具になっています。聖徳太子が大陸の技術者を日本に招き、寺院などの建築を進めたので番匠（大工さん）の始祖として尊崇を集めています。で、大工道具（番匠器）をかたどった一画一画で南無阿弥陀仏と書いてあります。

番匠器名号のお札は大工道具で南無阿弥陀仏と書いてある

番匠器名号の幟は、現在境内で進んでいる聖徳太子の千四百年御聖忌に伴う、中心伽藍の耐震改修工事の安全を祈願するために各所に掲げられています。また、境内の東側には聖徳太子をお祀りした番匠堂があります。

甚五郎の猫はどこに？

純瓶　左甚五郎の猫がいるのはこの辺ですかね。

彦兵衛　番匠堂の向かい。やはり聖徳太子を祀る聖霊院

猫が見守る四天王寺猫門

の門の蟇股《かえるまた》に猫の彫刻がありま
す。ただし、これは戦後の作で、大坂の陣の後に再建され、左甚五郎の作と伝えられた猫の門は戦災で焼失しています。

なぜ、猫の彫刻かと言うと、お寺の大切な経典をネズミがかじらないように番をしていたのだと言います。

この「左甚五郎の猫」には奇談が伝わっています。夜な夜な動き出して、ミナミに遊びに出かけるので金網をかけてあったそうです。このため火が回ってきたときに逃げ出せず、共に焼け死んでしまったのだとか。現在は猫に金網はかかっていません。

さらに南に回りまして南大門。本来はこちらがお寺の正面です。庚申街道に続いておりまして、ここから熊野を遥《よう》拝《はい》するようになっております。

ということで、本日はこれまで

天王寺詣りの舞台
四天王寺境内を散策

八五郎坊主

下寺町

下寺町

自分の名前も忘れてしまう人が、出家をするという噺です。甚兵衛はんに紹介してもらって出かけるのが「下寺町」です。

下寺町にはずらりとお寺が

純瓶　松屋町筋をまっすぐ南に、千日前通から南にずらっとお寺が並んでいますね。

彦兵衛　そうです。上町台地は、船場などの市街地から少し足を延ばして社寺に参詣できるハイキングスポットになっていたようですね。

純瓶　ずくねん寺というお寺があったんでしょうかね？

彦兵衛　聞いたことないですね。でも、和尚さんが「なまんだぶ、なまんだぶ」と唱えて出てきますから、浄土系のお寺だったのかもしれません。

慶長二十年（一六一五）五月の大坂夏の陣で、当時九万戸あったという大坂城下の町は灰燼《かいじん》と帰しました。落城の翌日、大坂城主に就いた松平忠明《まつだいらただあきら》の復興計画の中で城下町が再建されますが、その過程で寺院が集められました。浄土真宗は大坂城の場所が、かつて石山本願寺だったこともあり、町の中に根を下ろして点在しておりまして、下寺町には移転してこなかったようです。

松屋町筋を南へ、千日前通りから突当りの合邦辻《がっぽうがつじ》まで、現在もたくさんのお寺さんが軒を連ねてます。見たところ、八五郎が訪《おとな》いを入れて声がこだまするような大伽藍のあるお寺はないようにも思いますが、第二次大戦の空襲で焼け野原になり、その後の都市計画で道路が広くなり区画整理も進みましたので、一つひとつのお寺が小さくなったのかもしれません。

愛染堂勝鬘院の多宝塔は大阪市内で一番古い木造建造物

愛染さん

純瓶　地下鉄の駅名が四天王寺前夕《ゆう》陽丘《ひがおか》ですね。

彦兵衛　四天王寺の西門から夕日を拝み、阿弥陀如来の浄土に往生することを願ったという由緒のある地名です。

純瓶　駅の近くの愛染さんも、この夕陽丘にありますね。

彦兵衛　金堂に愛染明王を祀っています。四天王寺に付随する施薬院という病人に薬を施す社会福祉施設だったそうです。

本堂にお祀りしているのが、聖徳太子が講義をした勝鬘《しょうまん》経《きょう》というお経に登場するお姫様、シュリーマーラー夫人（勝鬘夫人）。それで「勝鬘院」と呼ばれるようになりました。多宝塔は、戦災を免れた重要文化財。織田信長の石山本願寺攻めで焼失していたのを豊臣秀吉が慶長二年（一五九七）に再建させました。大阪市内で一番古い木造建築物です。境内にある樹齢数百年の桂の木に、ノウゼンカズラの蔓が巻き付いています。仲の良い男女が寄り添っている姿に見立てられて、恋愛成就の信仰の的となる「愛染かつら」というのはこのことです。

桂の木にノウゼンカズラが絡んで「愛染かつら」

文人墨客

愛染さんの隣に、四天王寺の鎮守の宮の一つという大江神社があります。境内の西の端に「あかあかと日はつれなくも秋の風」という芭蕉の句を刻んだ句碑があります。

また、大江神社の北を下るのが「愛染坂」。その途中に料亭「浮瀬《うかむせ》」が、かつてここにあったことを記す看板が掲げられています。大阪を代表する料亭の一つだったそうです。元は「清々亭」と言ったらしいですが、七合半も入る鮑貝《あわびがい》の盃を出したことから有名になりました。鮑貝は片思いの象徴ともされ、「身を捨ててこそ浮かぶ瀬もあれ」ということわざとも関連して「浮瀬」という名になりました。多くの文人墨客《ぶんじんぼっかく》が遊歩の絶景を楽しみながら、鮑の大盃を干すことに挑戦しました。

新古今和歌集の選者の一人、藤原家隆《ふじわらのいえたか》は、晩年病を得て、夕陽丘に住み、入日を拝んで後世を願う「日想観」をする暮らしをしていました。

契りあれば　難波の里に　宿り来て
波の入日を　拝みつるかな

は、そんな暮らしの中の一首です。家隆の墓が夕陽丘に残されています。

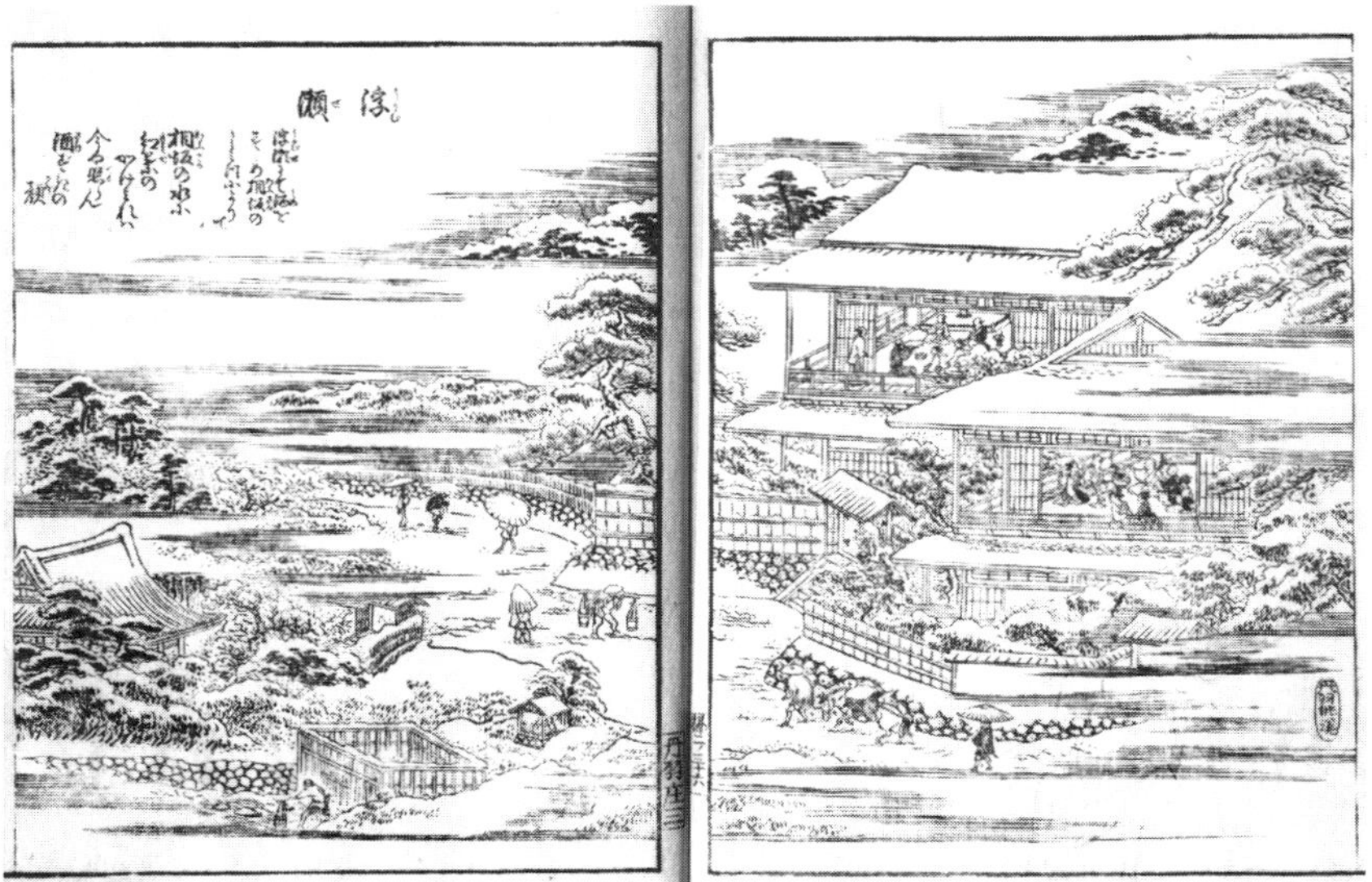

『摂津名所図会』「浮瀬」（大阪市立図書館デジタルアーカイブより）　文人墨客が集まる有名料亭

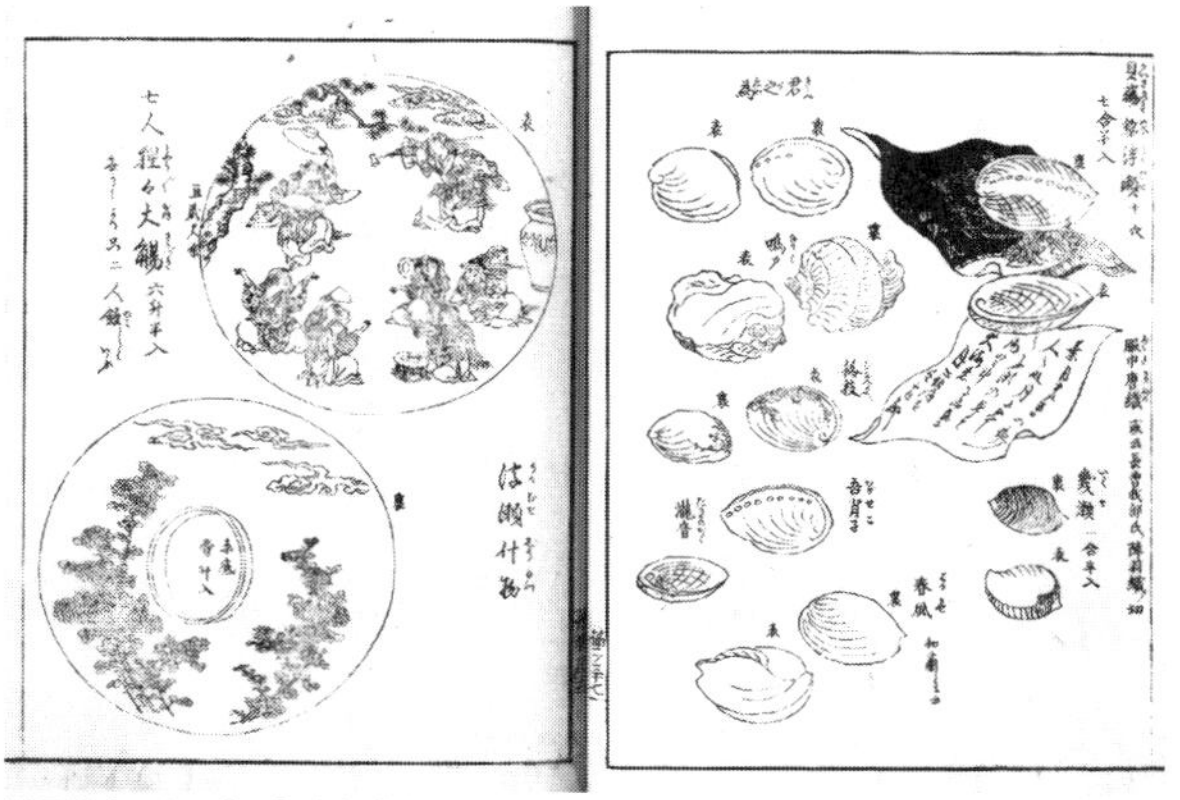

『摂津名所図会』「浮瀬奇杯」（大阪市立図書館デジタルアーカイブより）
料亭の名の由来になった鮑貝の奇杯

清水寺

大阪にも清水寺があります。上町台地の水脈から流れ落ちる清水が「玉出の滝」となっています。これは大阪市内で唯一の天然の滝。修験道の人たちの行場にもなっています。また丘の上には「舞台」が設えてあり、これも本家の京都の清水さんに倣《なら》っています。

上町台地の地中深くには、水質のよい水脈があり、あちこちに清水が湧いていました。海に近く、水質の悪かった町中では井戸水は塩気を含んで飲めず、人々は淀川からく

大阪唯一の滝「玉出の滝」

み上げた水を買って水がめに貯めて飲んでいましたが、上町は井戸の水質がよく、金龍、有栖、増井、安井、玉手、亀井、逢坂に、七名水があったと伝えられています。

植村文楽軒墓所

松屋町筋に面した円成院には、通りからも見える植村文楽軒の顕彰碑があります。これは二代目を称える碑で、初代の墓も同じ墓所にあります。

人形浄瑠璃を「文楽」と呼ぶのは、淡路島から出て一座を率いてこの芸能を広めた文楽軒の名にちなむものです。

少し北の生玉寺町の青蓮寺には『仮名手本忠臣蔵』や『義経千本桜』の作者、竹田出雲の墓所があります。

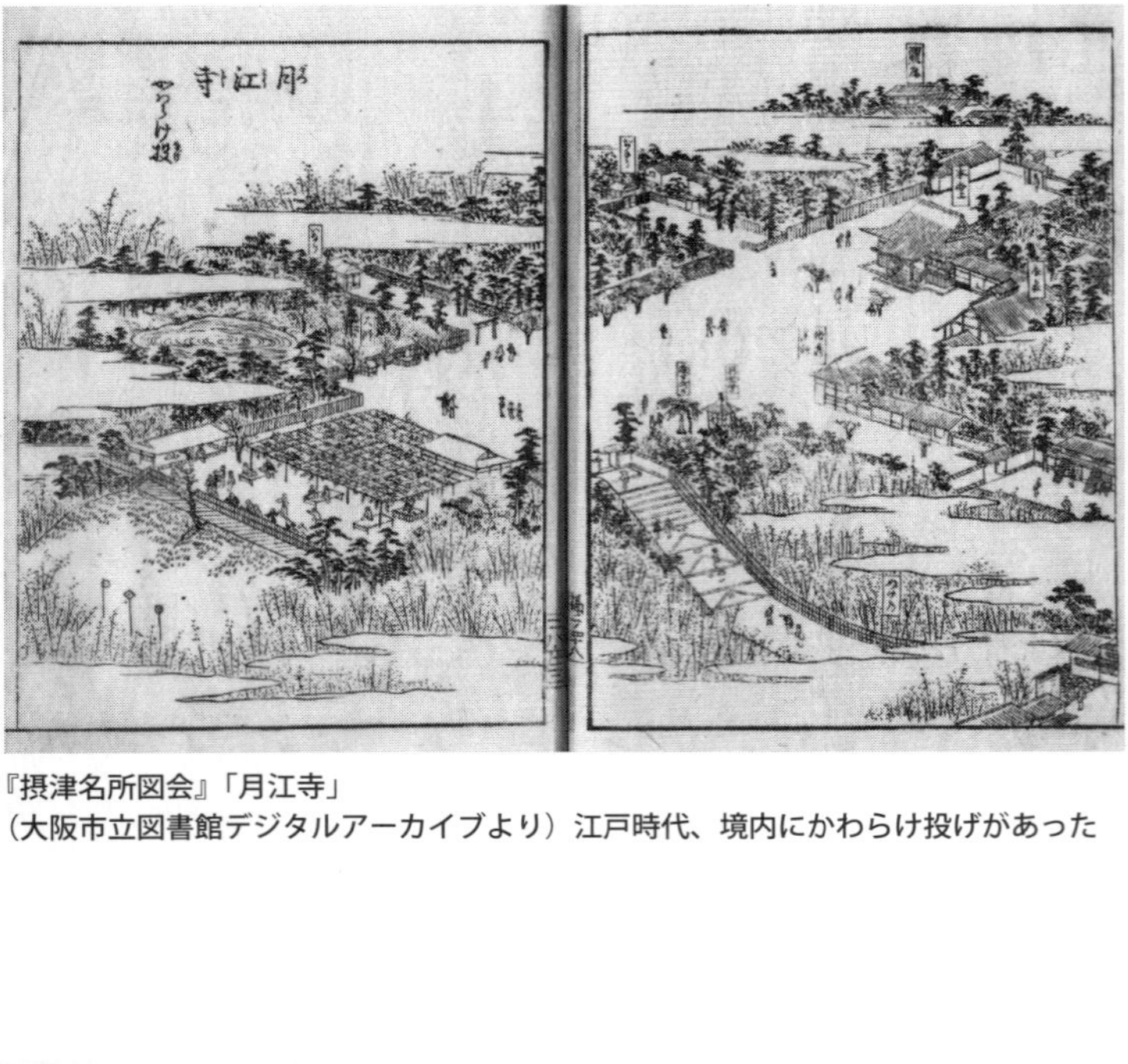

『摂津名所図会』「月江寺」
（大阪市立図書館デジタルアーカイブより）江戸時代、境内にかわらけ投げがあった

月江寺に「かわらけ投げ？」

青蓮寺の西側に月江寺というお寺があります。

江戸時代の観光名所案内の図版本『摂津名所図会』には広大な寺域の様子が描かれています。西側の崖の部分には「かわらけ投」の文字が見えます。「かわらけ」というのは、素焼きの盃で、これを的に向かって投げる遊びです。

純瓶　かわらけ投げは、落語の『愛宕山』でも登場しますね。

彦兵衛　今でも、断崖絶壁の観光地では、そういう設えをした遊び場を作っています。

純瓶　ちょっとした、行楽地だったのですね。

彦兵衛　旦那衆が野駆けに来て、深山幽谷気分を味わっていたのでしょうね。

月江寺

下寺町は、さらに生國魂神社まで続きます。上町台地に続く真言坂、源聖寺坂、口縄坂、愛染坂、清水坂、天神坂、逢坂を天王寺七坂と言います。

まだまだ、たくさん見どころがありますが、本日はこの辺りで。

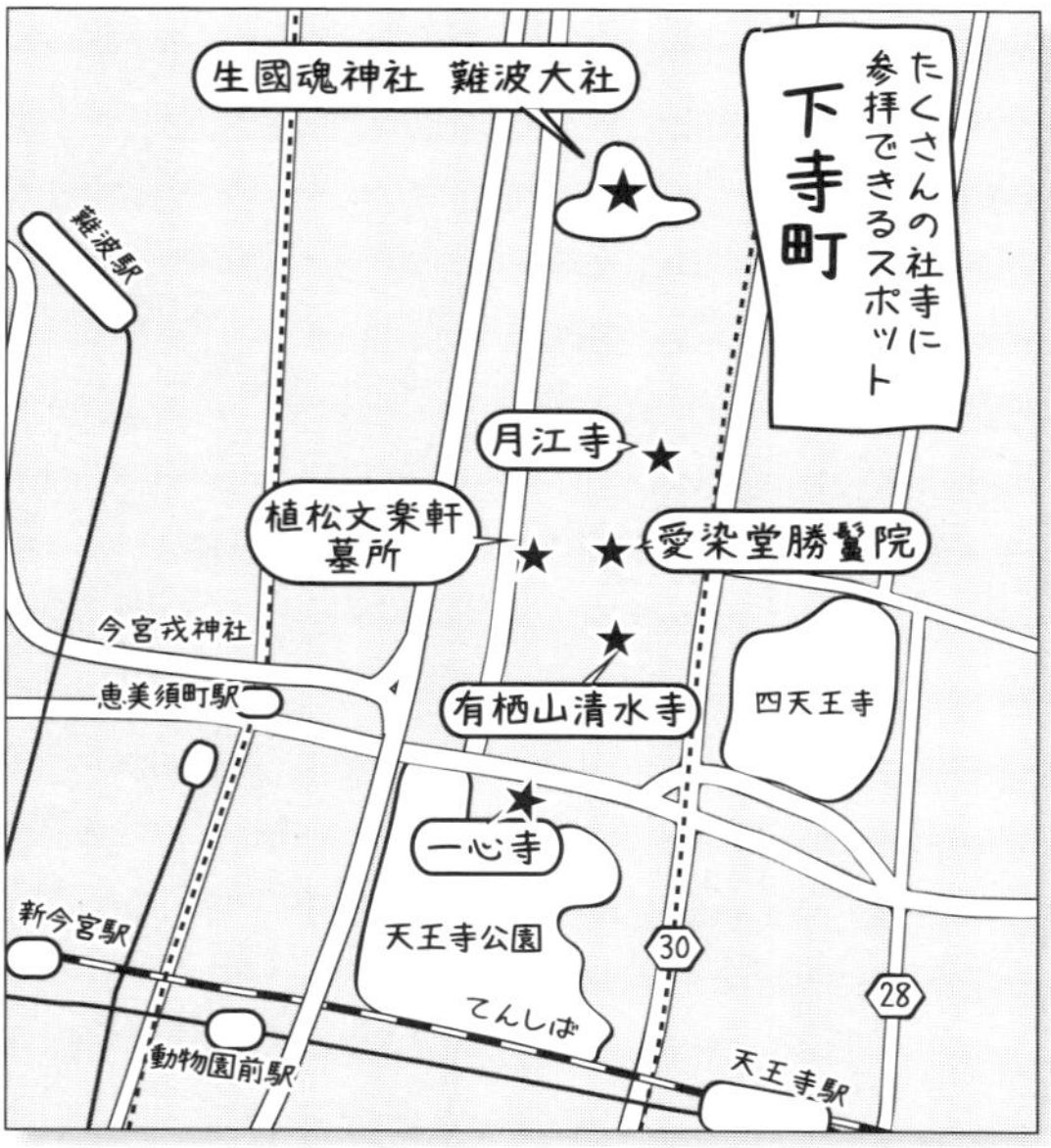

八五郎坊主の舞台
下寺町を散策

壺算

本町・陶器神社〜瀬戸物町

せともん町

落語には、小悪人がよく出てきます。根っからの「ええ人」というのは、茶化すのは気の毒だからか、なかなか笑いの種にならないようです。

陶器神社

壺算もそんな頭に「ずる」のつく賢い男が、ちょっと抜けた男に「水瓶を安く」という求めに応じて買い物の交渉役として「せともん町」に出かけます。

純瓶　せともん町は、

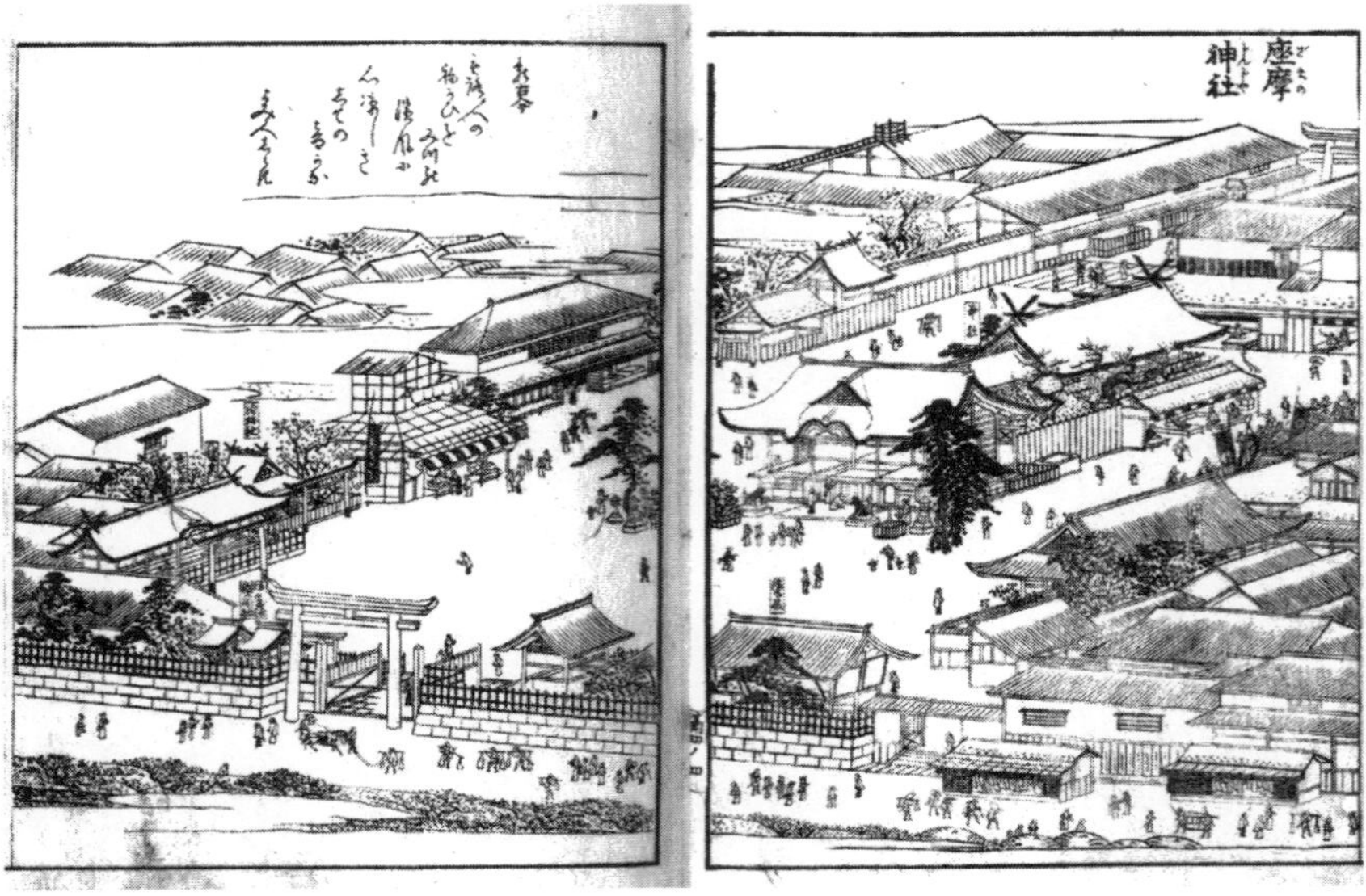

『摂津名所図会』「坐摩神社」（大阪市立図書館デジタルアーカイブより）

坐摩《いかすり》神社の西側に流れていた西横堀川あたりにあったそうですね。

彦兵衛　瀬戸物、陶磁器は重いですからね、堀川の水運で運びました。

純瓶　今は埋め立てられて、阪神高速の高架の下になっています。

坐摩神社西門の鳥居

坐摩神社。坐摩と書いて「いかすり」と読みます。居場所、居所というような意味の古い言葉「居所知《いかしり》」が語源だそうです。元々は、ずっと東の大川沿い、天満橋辺りにあったのが、大坂城築城の際にこちらに遷座させられました。元の場所には現在「御旅所」があります。

彦兵衛　坐摩神社の西門のところに「火除け」の神様の「火防陶器神社」をお祀りしてあります。

純瓶　なんで火除け？

彦兵衛　さ、そこだ。陶磁器を運搬するのに傷つかないように、もみ殻とか藁とかを詰め物にして箱詰めにしまっしゃろ？　これが燃えると火の回りが早かったんですな。自然と、火除け・火の用心には気をつけるようになりました。それで火防の御利益のある神様なんです。

純瓶　ちょっと回りくどいですね。

彦兵衛　火の回りは早いんですがね。

境内に「上方落語寄席発祥の地」の碑があります。江戸時代半ばの寛政年間（一七八九～一八〇〇）に初代桂文治が寄席を建てて人気を博したと記してあります。

文治は現在に続く「桂一門」の祖であり、それまで大道

上方落語寄席発祥の地

芸だった落語を、屋内の高座で演じる現代の形式にした「中興の祖」とされます。

瀬戸物町は、西横堀川の西岸で、噺に出てくるとおり「軒並み同商売」やったそうです。

ちなみに東岸は古着屋が多かったとかで、最初に「古着を買いに行くとする」というたとえ話を買い物指南役の徳さんがしますが、そういう地理的な含みもある組み立てですね。

余談ですが、坐摩神社の門のところの住所表示に「渡辺-3」と書いてあります。周辺は大阪市中央区久太郎町四丁目なんですが、旧地名は渡辺町と言いました。この「渡辺」というのは、源氏の水軍「渡辺党」ゆかりの地。全国の渡辺さん発祥の地なのです。

全国の「渡辺さん」のルーツはここ！？

「つぼ善」さんの看板

渡辺党というのは、大川の沿岸で「渡しをしていた部の民」「渡しをしていた辺りの人々」という意味で「渡部」「渡辺」の一党です。源頼光の四天王の中の渡辺綱もその一族に連なります。そんな由緒のある地名を残してほしいということで、「渡辺」が残してあるそうです。

西横堀の跡の阪神高速道路の高架をくぐりますと、現在も陶磁器のお店が並んでいます。中には「つぼ善」という大きな看板も出ていて、徳さんにだまされた店の末裔かもしれません。

水売り

純瓶　二人が買いに行く壺ですが、いっかいり、にかいり、と言うてますね。

彦兵衛　はい。漢字で書くと「か」は荷物の「荷」。一荷入りは一人で担いで運べる量だと言います。

純瓶　それは、どのくらい？

彦兵衛　それが、もうひとつよくわかりません。一荷、二桶、十六貫という言葉があるのですが、十六貫というと六十四キロ。え？　そんな重さの水を担いで歩けるか、とも思うのですけど。つまり人が担いで歩ける量という意味らしいんです。

ちなみに、昔、繁分数という、整数と分数を並べる表記で、「いっかさんぶんのいち」てなことを言うてました。途中から「一と三分の一」というようになりました。その「か」も同じ「荷」だったのですねぇ。

大阪の町場は、海に近くて井戸水の塩分濃度が高く、まずかった。そこで、淀川からくみ上げた水を市内に売りに来ていました。

え？　淀川の水？　とびっくりしますが、昔は豊臣秀吉が茶の湯に使う水をくみに来たというほどおいしいお水やったそうです。

大阪市水道局のホームページには

1870年（明治初期頃）「水屋」と呼ばれる売人が存在

1887年（明治20）「水屋」138人 水船約150隻が存在

1895年（明治28）水道創設事業完成

（桜の宮水源地完成十一月十三日通水式）

と書いてあります。水道の完成で水屋さんは姿を消しました。が、水道の水源はやっぱり、桜の宮あたりだったんですね。

難波神社

さて、現代の「せともの町」の看板を目印に御堂筋の方へ出てまいりますと、仁徳天皇をお祀りしている難波神

難波神社へもご参詣しましょ

今も「せともの町」の看板がある

社の裏手にきます。この辺り、空襲ですっかり焼け野原となったのですが、境内の大楠は、戦火を生き抜いた大木で大阪市の保存樹指定の第一号です。

　また、植村文楽軒が文化八年（一八一一）に人形浄瑠璃の小屋を開きました。稲荷社文楽座跡の碑が西門のところにあります。

壺算の舞台
本町・陶器神社～瀬戸物町を散策

いらち俥

御堂筋

浪花百景「両本願寺」歌川國員画（大阪市立図書館デジタルアーカイブより）

人力車

いらち俥《ぐるま》は、人力車で難波辺りから大阪駅を目指す噺です。時代背景は、明治以降昭和のはじめまでと思われます。今では「古典」に分類してもよいような演目ですが、「ハイカラ」「モダン」がもてはやされた時代を象徴する内容が次々登場します。

「いらち」というのは、大阪弁で「せかせかした」というような意味。「苛ち」と書きますな。「俥」は人偏に車で、人力車を指す、当時新しい漢字です。

いらち俥を演じる純瓶さん（動楽亭にて）

彦兵衛　純瓶さん、元気いっぱいの演出ですね。

純瓶　座ったまま、スピード感や躍動感を表現しますから、汗だくになります。

人力車は、明治二年（一八六九）に東京で発明されて全国に普及し、大阪でも十年後には一万台、最盛期の明治三十五年には二万台を超えたと言います。大阪駅、当時の大阪ステンショ（ステンショとはステーションが訛った言葉）が開業するのは明治七年（一八七四）。大阪～神戸間が開通し、明治十年（一八七七）に京都と大阪が結ばれます。

純瓶　高槻の街の中で人力車が汽車を抜いたっていうのは、この鉄道ですかねぇ。

彦兵衛　そうですね、きっと。人力車も、鉄道も文明開化を象徴する乗り物ですから。

純瓶　すると、時代背景は明治のはじめ？

彦兵衛　そこは、ちょっと待った！　なんですね。

御堂筋

ステンショに急ぐ男が、最初に見つけた俥屋に「この道をまっすぐ」と言うてます。「この道」はおそらく「御堂筋」と推定されます。今も梅田～難波間約4キロを結ぶ大動脈。現在は南行き一方通行となっていますが、計画されたときは「飛行場にするのか」と反対されたそうです。

御堂筋が、大阪の市街地を縦断する道路全体を指すようになるのは、昭和のはじめに道路が拡幅されてからです。

もともと淀屋橋から南の道路は「淀屋橋筋」と言い、淡路町のところで突当りのように少し西にずれたところから浄土真宗本願寺派津村別院（北御堂）と浄土真宗大

大阪行幸記念写真帖「大阪御堂筋新道路」
（大阪市立図書館デジタルアーカイブより）

谷派難波別院（南御堂）を結ぶ道路。この部分を「御堂筋」と呼びました。この拡幅された「御堂筋」の計画が打ち出されたのは大正十年(一九二一)。

この頃、大阪は市域の拡大と人口増加によって東京をしのぐ勢いで大正十四年（一九二五）には人口二百十一万人と日本一の大都市になりました。この頃の大阪を「大大阪」と呼びます。

彦兵衛　人力車が勢いよく走って、ものすごく揺れるという場面がありますね。

純瓶　はい、はい。「この辺、道普請してますねん」と言うてます。

彦兵衛　あれは、御堂筋の拡幅工事をしているのではないかと思うんです。

純瓶　ほぉ、そうすると、時代背景は大正時代？

彦兵衛　御堂筋の起工式は大正十五年（一九二六）十月。この年の十二月に昭和と元号が変わります。

市電

御堂筋の完成は昭和十二年（一九三七）五月。昭和四年（一九二九）頃に拡幅がほぼ終わった写真があります。いらち俥はこういう風景の中を走ったのではないでしょうか。

ちなみに御堂筋に面した建物の高さ制限を「百尺(三十一メートル)」にするという規制も設けられました。御堂筋のビルのスカイラインがまっすぐに揃っているのはそのためです。現在は規制緩和されて高いビルも建てられていま

かつて長堀川に架かる新橋があった交差点

す。

彦兵衛　電車と出会う場面がありますね。

純瓶　こっちが先に通り過ぎるか、市電が先に通り過ぎるか、ちょ〜ど出合うか。

彦兵衛　市電と御堂筋が出合う場所があったんです。

純瓶　出合いますか。

大阪市域を南北に走る市電は、四つ橋筋を通りました。と言うより、市電を通すためにまっすぐに通したのが四つ橋筋なんですね。四ツ橋のところから東西の路線が引かれて、御堂筋線と心斎橋あたりで出会います。現在は長堀川が埋め立てられて長堀通になっていますが、御堂筋との交差点は新橋と言います。これは、御堂筋のために新しく架けられた橋という意味で、あの場面はこの新橋か、本町通を走っていた路線であろうと推定されます。

ところで、四つ橋筋という道路はひらがなで「つ」ですが、電車の駅は四ツ橋とカタカナの「ツ」です。これは、道路は当時の土木局、電車は当時の電気局、と役所の管轄が違ったからです。

俥賃の応対では、ステンショまで十銭となっています。手元にある明治二十一年（一八八八）頃の公定価格は五銭となっていますが、その後、様々に変遷があり、明治三十五年（一九〇二）に、堀を縦横に走る「巡航船」が営業を始めまして、これがずいぶん安く、人力車はお客を取られて値崩れしたそうです。

いずれにしても公定価格があって、乗客は乗るときに目的地までいくらで行くのか確認して乗った。気に入った車夫には祝儀をはずみ、車夫が客を気に入らなかったら「酒手」という割増料金を脅し取ったという具合です。

ガスビル屋上から見る御堂筋

ガスビル

御堂筋を散策しておりましたところ、大阪ガス本社の裏手に人の列を見つけまして、一番後ろに並んでたら、ビルの中を案内してくださいました。

大阪ガスビルは、南半分が昭和八年（一九三三）に完成した風格のあるビルで、戦争を挟んで北半分は昭和四十二年（一九六七）に完成して「ワンブロック・ワンビルディング」の建物となりました。

床や壁に貴重な大理石を使ってあったり、飾り窓の趣向があったり、なかなか凝った造りになっております。照明がガス灯から電気に移る頃で、用途を調理器具に広げていくために、ガス調理の教室や食堂を備えていました。

大阪ガス本社「ガスビル」全景

ビルの前にガス灯が灯されている

ガスビル食堂はそういう由来を持つ食堂でして、一般の方も利用ができます。普段は屋上に入れませんが、この日は屋上にも入れてもらい、ちょっと違ったアングルから御堂筋を見ることができました。また、ビルの北側の入り口にはガス灯が灯されていて、炎の揺らぐ風情のある光を見ることができます。

人力車が北へ北へと走って行きつくのが「この先、箕面公園」。明治四十三年（一九一〇）に阪急電車の前身となる箕面有馬電気軌道の一方の終点がありました。箕面の駅から四キロ足らずのところに箕面の滝があり、現在も大勢の観光客でにぎわっております。

箕面の滝

いらち俥の舞台
御堂筋を散策

住吉駕籠

住吉大社周辺

浪花百景「住吉反橋」歌川芳瀧画（大阪市立図書館デジタルアーカイブより）

すみよっさん

住吉大社は大阪では「すみよっさん」と、親しみを込めて呼ばれておりまして、初詣には毎年二百五十万人からの参拝客でにぎわいます。南海電車で住吉大社駅、阪堺電車では住吉鳥居前からすぐ。大きな鳥居をくぐって真っ赤な反り橋を渡ってお詣りします。

御祭神は、住吉大神である底筒男命《そこつつのおのみこと》、中筒男命《なかつつおのみこと》、表筒男命《うわつつおのみこと》。伊邪那岐命《いざなぎのみこと》が火神の出産で亡くなった妻、伊邪那美命《いざなみのみこと》を黄泉の国に迎えに行って、変わり果てた姿に驚いて逃げ帰り、その穢《けが》れを払うために禊《みそぎ》をした際に生まれた神々です。

この噺は、住吉大社の参道で客待ちをする駕籠かきの様子を描いています。

彦兵衛　駕籠屋さんには、雲助と呼ばれたガラの悪い辻駕籠もいたのだそうですが、この噺では、客の方がずいぶん悪いですね。

純瓶　街道筋などで客を乗せる駕籠の中には悪いのがおったんやそうですが、すみよっさんの駕籠屋さんはおとなしかったんやそうですね。

駕籠・乗り物

駕籠には、身分、用途によって種類がありました。お殿様など偉い人が乗るのは、漆塗りで網代やなんか使ってありまして、乗り口が引き戸になっているのは「乗り物」と言いまして、庶民の乗る、笊《ざる》を莫蓙《ござ》で囲ったようなのを駕籠と言うたんやそうです。

箱根の峠越えなどで用いられたのは「山駕籠」、宿場などで旅人を乗せたのが「宿《しゅく》駕籠」。よく時代劇で見るのが「四つ手駕籠」というものです。ただ、これは上方にはなかったんやそうで、京、大阪では「京四ツ」と呼ばれるような形式だったのではないかと思います。

住吉駕籠では、「垂降ろして、履物もなおってますな」てなことを言うてます。

駕籠の料金ですが、江戸の日本橋辺りから吉原の遊郭まで二朱が相場だったと言います。

二朱は一両の八分の一に当たります。一両の値打ちは時代によって変わりますが、十万円から二十万円くらいでしょうか。二朱は一万三千円くらいから二万五千円の見当です。吉原は現在の浅草の北側にあって、約六・六キロ。タクシーなら二千三百円くらいで行けます。

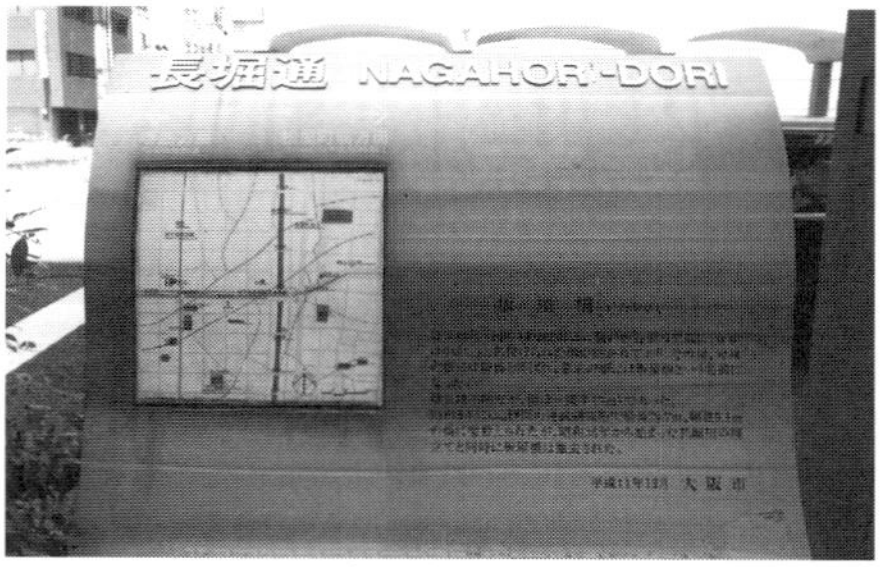

板屋橋の跡

落語の方では、最初に「板屋橋まで」というお客が出てきます。板屋橋というのは、長堀の長堀橋の東にかかっていた橋です。住吉大社から大体七キロ。タクシーだと二千七百円くらい。「片手で」つまり五百文と言っています。一両が六千四百文ですので、八千円から一万五千円くらいの感覚でしょうか。日本橋～吉原間より少し安い感じですが、それでも結構な値段です。

純瓶　すると、堂島まで二分というのは、ずいぶん張り込んだということになりますね。

彦兵衛　堂島までは十キロくらいあります。タクシーで三千五百円くらいでしょう。

純瓶　二分というと？

彦兵衛　一両の半分ですから五万円から十万円という感じ。

純瓶　北浜の相場師の見栄を表してますな。

彦兵衛　二人乗り込むという無茶をしてますからね。最初の交渉で「まけといて」と言うのは、そういうトラブル処理料込みの値段なのでしょうね。

三文字屋

『摂津名所図会』には、鳥居前のにぎわいの図があり、小町茶屋という女性が給仕する茶店も描かれています。

客待ちをする籠屋屋の前を通りかかる人の中で、「おそで」さんに声をかけられて、「玉子の巻き焼き、烏賊の鹿の子焼き、海老の鬼殻焼き」を食べたという酔っぱらいがいますが、このおやっさんの入ったのは、こうした露店ではなく、「三文字屋」という料亭です。

同じ『摂津名所図会』には「三文字屋」の店頭に身なり

卵の巻焼、烏賊の鹿の子焼、海老の鬼殻焼き
協力：居酒屋やまんそら

の正しい武家が入ろうとしている姿が描かれています。

純瓶　こんな大きな店だったんですね。

彦兵衛　たしかに、駕籠屋さんが「薄汚い酔いたん坊」、ほんまにそこへ行ったのかといぶかるのもうなずけます。

純瓶　ごっつぉ食べて、銚子が十八本。ぽちも含めて二分一朱。

彦兵衛　六万～十万円の感じでしょうか。大散財ですね。

純瓶　三文字屋は、今の住吉警察の辺りにあったそうですが、そこに柳の木があって、幽霊が出たという話が残っています。

彦兵衛　今でもあるのですか？

純瓶　別の場所に植え替えられ、代替わりしていますが、柳は今もあります。

境内案内

落語ではよく神社仏閣が出てきますが、実際に境内に行ってご参詣する内容はあまりありません。この噺も参詣するところはないのですが、ちょっと境内をご案内しておきましょう。

住吉大社の反り橋

　住吉大社と言うとやはり、赤い反り橋。太鼓橋とも申しますが、石の橋脚は豊臣秀頼公、淀

玉垣の向こうに「五」「大」「力」と墨で書いた小石がある

角鳥居

殿の寄進によるものと伝えられます。

社殿の入り口の鳥居は四角い石柱で、「角鳥居」と呼ばれる古い形式の鳥居です。鳥居からご本殿へ進みますと、社殿は最初に左右に一対、左の社殿の後ろに二棟が続く独特の形式で並んでいます。住之江から大陸を目指して出港した遣唐使船の船団の姿を写しているとも言われます。建築様式は「住吉造り」と呼ばれ、日本最古の建築様式だそうです。いずれも国宝に指定されています。

島津氏の祖、島津三郎忠久がここで生まれたと伝わる誕生石

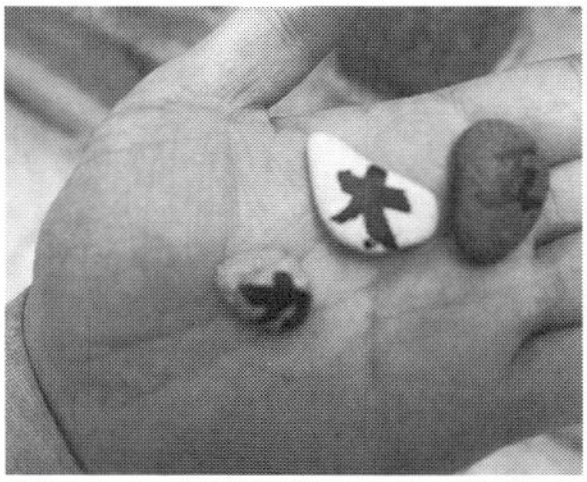

これらが、その小石

本殿の奥に玉垣で守られたような杉の大樹があり、「五所御前」と呼ばれます。玉垣の中の小石には「五」「大」「力」の文字が墨書されたものが混じっていて、三種類を集めてお守りにするという風習があります。

反り橋から少し離れた場所に「誕生石」という立て札のある大きな石

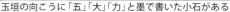

がいくつか玉垣に囲まれています。これは、源頼朝の子を宿した丹後局が、頼朝の妻、政子に殺されそうになったのを家臣の手で住吉まで逃れてきたところで産気づき、この場所で神様の加護を祈りながら無事出産。その子が後の薩摩・島津氏の始祖、島津三郎忠久となったと伝えられています。

さて、「住吉」の名前ですが「吉」の字は、もと「え」と読んだんやそうでして、「住吉」と書いて「すみのえ」と読みました。住吉も住之江も同じなんですね。で、住は「澄み」でして、水の澄んだ入り江というような意味でございます。大阪湾の北の方は「難波」「浪速」の文字が示すように、波の荒い、流れの速い難所でしたが、ここら辺りはおだやかな遠浅の砂浜でした。

住吉の高燈籠

『摂津名所図会』には、弥生三月三日に浜辺で潮干狩りをしている図がございます。当時は太陰暦ですので三日はまさに三日月の頃、春の大潮の時期に当たります。ずっと沖合まで潮が引き、堺から尼崎辺りまで歩いて行ける砂浜が出現したそうです。潮干狩りで取れた蛤などの貝は、雛祭りの人形遊びの食器などに使われました。暦と自然現象、年中行事が一致していたことを示しています。

高燈籠と芭蕉句碑

住吉大社の西にある住吉公園を出た所に高さ約十六メートルの大きな燈籠があります。「高燈籠」という日本最古の灯台の末裔《まつえい》。元は約二百メートル西にありました。鎌倉

住吉公園にある「升買うて」の芭蕉の句碑

時代に地元の漁民が住吉大社に奉納したのがはじめとされます。暗夜、航路を見失ったとき、住吉大社を拝むと光を増して道標になったのですね。

住吉公園には松尾芭蕉の句碑が立っています。

升買うて　分別かわる　月見かな

元禄七年（一六九四）九月十二日に住吉大社にお詣りして升で酒を買ったときに作った句とされます。

芭蕉は、門人の諍《いさか》いの仲裁に大坂に来ていて、月見の席に行く予定でしたが、体調を崩して出席をとりやめています。その言いわけに届けた句だそうです。

純瓶　この月見というのは？

彦兵衛　九月のお月見ですので、いわゆる「後の月」。十三夜のお月見のことですね。芭蕉はその翌月、南御堂門前の花屋仁右衛門方で亡くなります。

住吉駕籠の舞台
住吉大社周辺を散策

初天神

天神橋～馬場町

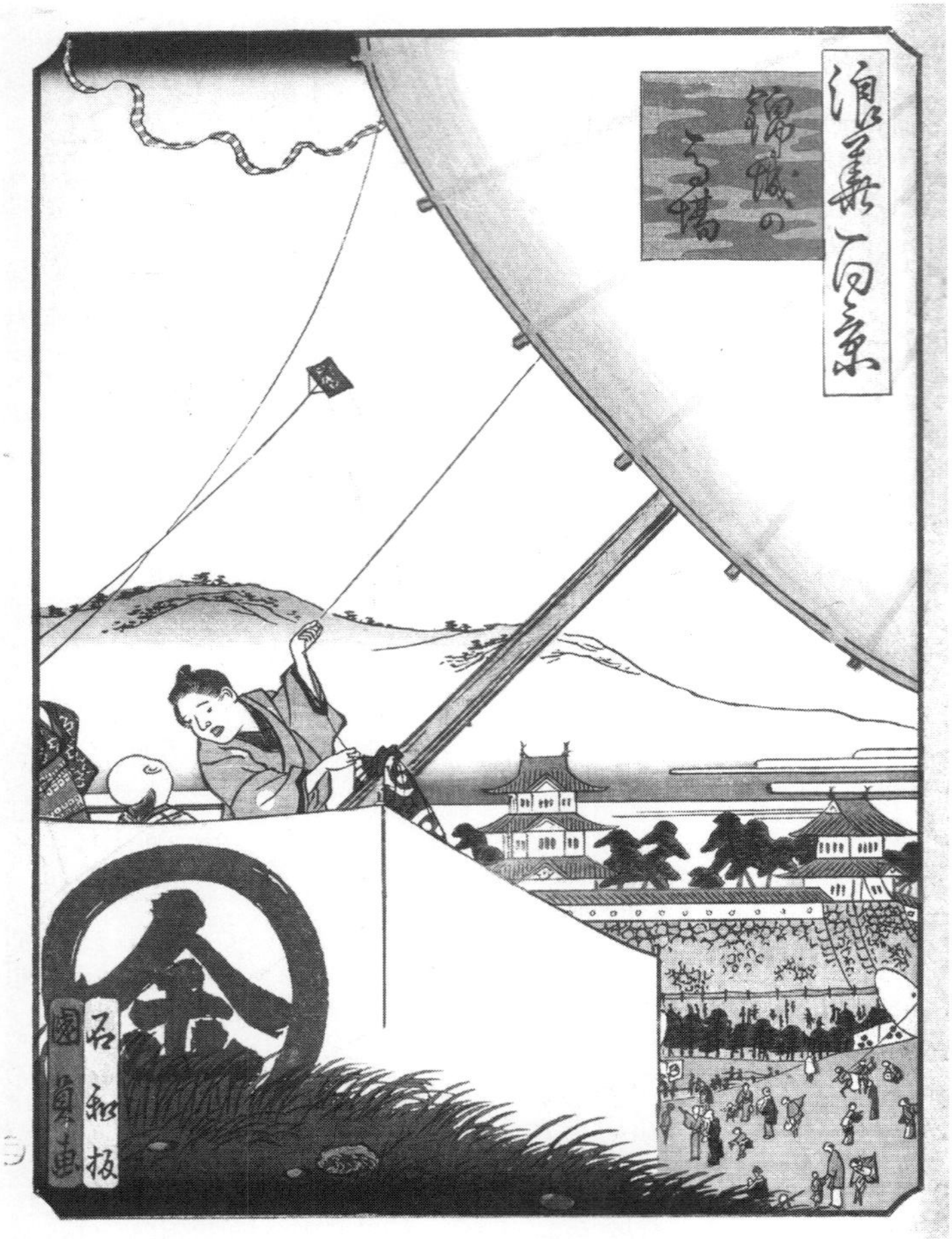

浪花百景「錦城の馬場」歌川國員（大阪市立図書館デジタルアーカイブより）

天神さんのご縁日

お正月の演目はたくさんありますが、長屋の親子が初天神にお詣りに行くのが『初天神』です。初天神は、年のはじめの天神さんのご縁日、一月二十五日のお詣りのこと。

「お」を付けて「お初天神」と言いますと、曾根崎心中のお初、徳兵衛の心中の現場、露《つゆ》天神社。通称「お初天神」となって、別物になってしまいます。

さて、『初天神』。「初天神にお詣り」というおやっさんが、お詣りにかこつけて遊びに行こうとしているのを見抜いて「寅ちゃん連れて行って」と「お目付け役」の同行を条件にします。「あれ買ぉて、これ買ぉて」と言わない約束で

大阪天満宮

出かけるのは、おそらく松屋町筋から天神橋筋への一本道でしょう。

天神橋は、江戸時代から天満橋、難波橋と並んで「浪花三大橋」とされた名橋です。現在は、中之島が上流に伸びていますが、江戸時代には三大橋とも大川（淀川）を一気にまたぐ太鼓橋でした。

純瓶　おやっさんは、以前にも、寅ちゃんと「おばはんとこ」に行っているようですが、どこに行くつもりだったんでしょうね。

彦兵衛　天満宮の北側の「星合の池」辺りには、戦前まで歓楽街がありました。吉本興業の発祥の地となった「天満花月吉川館」もこの辺りにありました。

純瓶　上方落語協会の定席、天満天神繁昌亭の北側の道を入ったところですね。

彦兵衛　はい。今は、星合茶屋というのがあって、合格祈願の「すべらんうどん」を売ってはります。

この噺も例によって、お詣りの場面はなくて、親子は凧揚げに行ってしまいますが、ちょっと境内をご案内しましょう。

天満宮の由緒

天満宮は学問の神様、菅原道真公をお祀りしているのですが、平安時代の延喜元年（九〇一）に道真公が大宰府に流される途中に立ち寄った神社が、後にゆかりの天神さんとして尊崇を集めることになります。

もともとの神様は大将軍社

つまり、道真公が流される前からそこにお社はあったのです。

大阪天満宮では、北門を入ったところに「摂社」として「大将軍社」をお祀りしていますが、これが、地の神様です。この神様は、飛鳥時代の大化の改新（乙巳の変＝六四五）の後に造営された難波長柄豊崎宮（前期難波宮）の四方を守護する社の一つだったというのです。

飛鳥時代の大極殿の基壇が復元されている難波宮跡

純瓶　大化の改新までさかのぼりますか。

彦兵衛　社伝によりますと、そのようですな。

純瓶　ほんでも、難波宮って、どこにあったかわからなかったんですよね。

彦兵衛　昭和二十九年（一九五四）から

難波宮近くにある仁徳天皇の頃の倉庫群の遺跡

始まった大阪大学の山根徳太郎博士の発掘で大極殿の遺跡が見つかって場所が特定されましたから、それ以前にはっきりとお社が残っていたかどうかは、謎ですね。

とはいうものの、この地が、古代からの大陸との交流の拠点となった貿易港で、西からくる疫病（天然痘）をもたらす怨霊をここで封じる役目の神様をお祀りしていたことは確かなようです。七月に、にぎやかに行われる「天神祭り」も、古来の疫病除けの風習を色濃く残しているとされます。

そうした元々の信仰に加えて、左遷先の大宰府で憤死した菅原道真公が怨霊となって清涼殿など都の各地に雷を落としました。その「祟り」の大きさに恐れをなした権力者が、道真公を「天神」として祀り上げたということです。

天神さんは鶏嫌い？

彦兵衛　菅原道真公にまつわる逸話を物語る仕掛けが、天満宮の大門を見上げると見つかります。

純瓶　大きな注連縄が上がってますね。

彦兵衛　その内側に大きな方位盤があるでしょう。

純瓶　はいはい。子、丑、寅と、方位を示しています。

彦兵衛　西のところに注目してください。

純瓶　あ、あれは、ニワトリではなく、鳳凰ですね。

彦兵衛　ほーおー。

純瓶　何いちびってまんねん？

道真公が大宰府に下る途中、道明寺のおばさんのところ

天満宮の方位盤の「酉」の方角には鳳凰

に寄ったそうです。夜通し語り明かして、まだ名残惜しいと思っているところに、一番鶏が時を告げて、夜が明けてしまい、道真公は旅立たねばならなくなりました。ああ、残念なことと詠まれたお歌が

鳴けばこそ　別れも憂けれ　鶏の音の
なからむ里の　暁もがな

「鶏が鳴くから別れなければならない。鶏が鳴かない里はないものだろうか」というお歌でございまして、天満宮では鶏を嫌い、鶏卵もお供えしないそうで、方位盤にも鳳凰が使われています。

純瓶　ははぁ、道真公も「おばはん」とこに寄ったんですね。

彦兵衛　ちょっと、ちゃうと思います。

ちなみに本殿は、南北朝時代、戦国時代、大塩平八郎の乱と三度の戦火で焼失していますが、太平洋戦争の空襲の被害は免れ、江戸時代の終わり弘化二年（一八五四）に再建されたときの、権現作りの建物です。

本殿の東西にある「登龍門」は、鯉が滝を昇って竜にな

登龍門をくぐって出世を祈願

るという故事にちなんだ燈籠があり、「出世」「合格」を目指す参拝者は、この門を潜ってお祓いを受けます。

神社の南西の門を出た所には「大阪ガラス発祥の地」の碑があります。江戸時代半ばの宝暦年間（一七五一～六四）に長崎でガラス製造技術を学んだ人が工房を開いたことから、天満がガラス製品の産地として栄えました。「天満切子」という、きれいな文様を刻んだガラス器が名物だったと言います。

「大阪ガラス発祥の地」の碑

凧揚げは城の番場へ

彦兵衛　『初天神』の親子は、凧揚げに行ってしまいますね。

純瓶　城の番場へ。

彦兵衛　今も馬場町というのがありますが、昔は番場と書いたようです。大手門の西側に芝生の空き地があって、江戸時代から茶店などが出る庶民の憩いの場所でした。

親子は「凧揚げ」を楽しみますが、凧は、昔は「いか」

と呼ばれていて、幕末の開港で国内の物価が高騰したことを風刺する「よみうり（瓦版）」には「凧」と書いて、「いか」と読み仮名が振ってあります。上方では「いか」と呼ぶのが一般的で、「たこ」は江戸、関東の呼び方です。

ちなみに、西国では「はた」、長崎では「たか」、上野及び信州では「たか」、伊勢では「はた」など、土地土地で呼び方が異なりました。「いか」「たこ」というのは、空中で安定させるのに「足」を数本垂らした形がイカやタコにているからです。

親子が凧揚げに向かう大坂城大手門あたり

子どもの遊びに大人が夢中になってしまったり、遊びに夢中になって、周囲が見えなくなり「事故」を起こしたり。

今も昔も、あんまり変わりがないようですね。

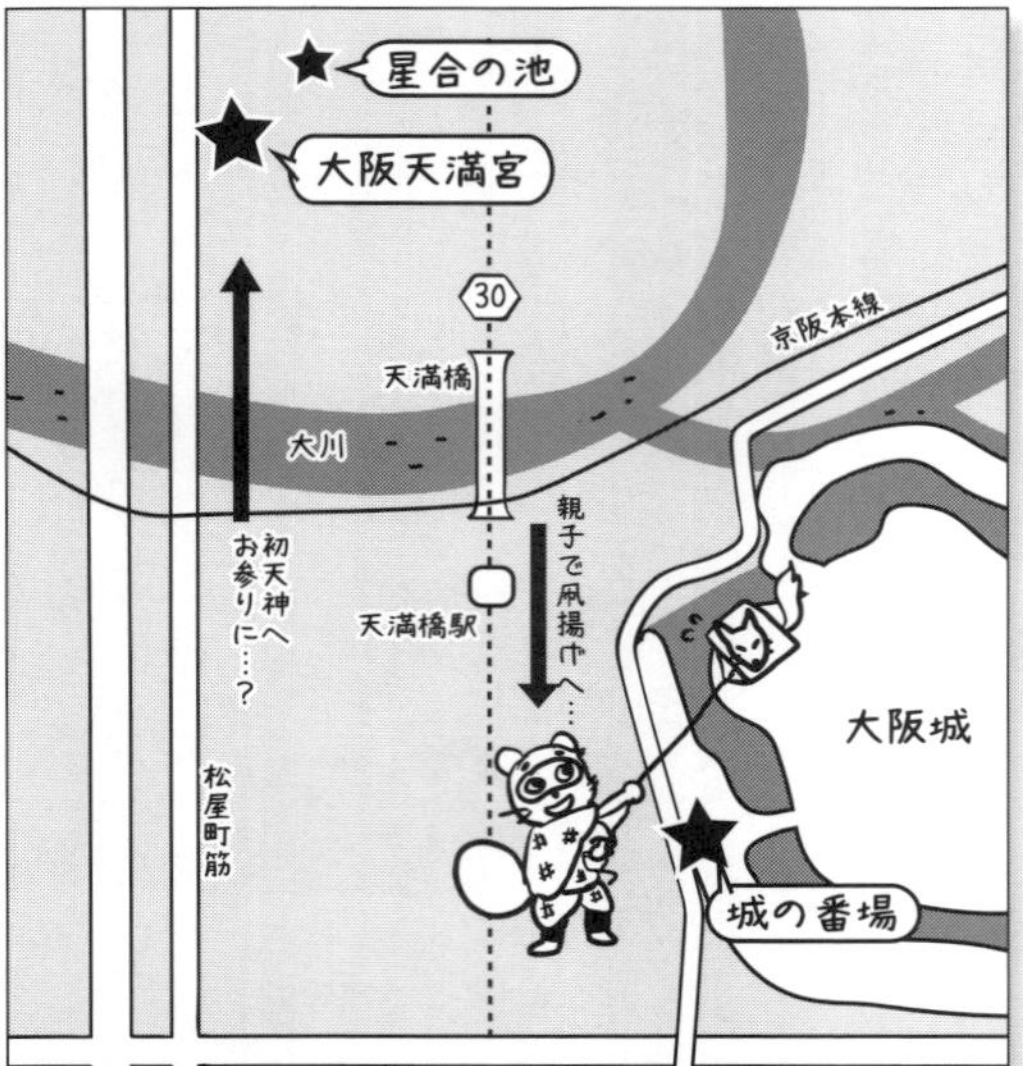

初天神の舞台
天神橋〜馬場町を散策

米揚げ笊

西天満・源蔵町〜蔵屋敷跡

笊と書いて「いかき」と読みます

頼りない男が紹介されて「笊《いかき》」の行商に行く噺です。

「笊」と書いて、大阪では「いかき」と読み、一説には「湯掛け」が訛ったと言います。では「ざる」はと言うと、「湯去る」「ゆざる」の「ゆ」が取れたんやそうでございます。

大阪の古い言葉で、時々落語にも出てくるのが「おうこ＝天秤棒」「あも＝もち」、形容詞で「もみない＝まずい」などがあります。おうこは「負う木」から。あもは「餡餅《あんもち》」、もみないは「旨《うま》みない」から変化したのでは、などと推定されておりますが、言葉は、どんどん変わりますからねぇ。鶏肉を「かしわ」と言うのも大阪独特らしいですが、語源はなんなんでしょうね。

それはさておき、主人公は源蔵町に向かいます。

彦兵衛　よくある設定で、丼池の甚兵衛さんとこから土佐堀通りに出て、北浜で突き当たりますね。

純瓶　はい。そこで左に曲がったら『池田の猪買い』のコースです。この話は右に曲がって難波橋を渡ります。

北浜丼池で、でぼちんを……

彦兵衛　難波橋を渡ったところは現在、広い範囲で西天満という地名になっておりますが、以前は細かい地名がたくさんありまして、その中に源蔵町というのも実在しました。

堀川には、樽屋橋が架かっていた

大川には南北に堀川がつながっておりまして、高速道路の高架の下に樽屋橋という橋柱が残っております。その一筋北に天神小橋という橋があり、この小橋の西詰から難波橋筋までを源蔵町と言うたそうです。

余談ですが、文楽の『菅原伝授手習鑑《すがわらでんじゅてならいかがみ》』に菅原道真公（文楽では菅丞相《かんしょうじょう》）の子供、菅秀才《かんしゅうさい》を匿《かくま》う手習いの師匠の名前が「源蔵」となっておりまして、近くには老松町、梅ケ枝町、桜橋と道真公ゆかりの地名があるのと、関係があるのか、一度調べてみたいと思っております。

ひょっとして笊屋重兵衛はんご存知？

さて、樽屋橋の名前が示すように、一帯は木工細工などの職人さんの町だったようです。堀川沿いの国道一号との交差点の北西角に寛永年間から竹の商いを営んでおられる会社がありました。

電話をかけて聞いてみると、「大阪は川が縦横に流れていたので、少々重いものでも、嵩《かさ》のあるものでも船で運びました。うちももっと広い敷地でしたが、国道が拡幅されたので敷地は小さくなりました」とおっしゃっておられました。

彦兵衛　ひょっとして笊屋重兵衛《いかきやじゅうべえ》はんご存じですかて、たずねたら、存じまへんというお答えでした。

純瓶　ほんまに聞いたんですか。

彦兵衛　笊なんかの竹細工のことを聞こうと思ったんですけど「うちは竹そのものを商いしてまして、細工の方はしてません」とおっしゃってました。

米揚げ笊のワンシーン

　ということで、重兵衛はんの店までは突き止められませんでしたが、噺自体はリアリティのある展開となっております。

　大坂は商人の町と言われますが、お商売に必要な商品を生産、供給する機能も備わった町でもありまして、各所に様々な職人さんの集まった町があったようです。

純瓶　米を揚げる米揚げ笊と言うてますね。

彦兵衛　お米は炊く前に研ぎますが、その水を切るのに使った笊です。馬蹄形になっていて一方が片口のように開いていて、ここからお米を洗い揚げたから米揚げ笊。

これが米揚げ笊

純瓶　あ、なるほど。最近は炊飯器の内釜で研いだり、研がなくていい無洗米も出てますから、なじみがない道具になりましたね。

米を「あげる」験担ぎ

米を「あげる」という声を聞いて喜ぶのは、堂島の米相場師のお家です。

佐賀藩の蔵屋敷があった大阪高等裁判所辺り

大坂には、全国から各地のお米が集まっておりまして、米相場が立ちました。この創始者が淀屋橋を架けた「淀屋」の二代目个庵《こあん》さんです。

なんで大坂にお米が集まったかと言うと、全国の藩の年貢米がここに集まって現金に換えられたからです。

大川沿いには各藩の蔵屋敷が並んでおりました。源蔵町から西に参りまして、現在の大阪高等裁判所の敷地は、佐賀、鍋島藩の蔵屋敷の跡地でございます。

西南角には、蔵屋敷に舟を引き入れやすいように作った舟入橋の遺構が見つかったそうです。その隣、蜆川との分岐点に難波小橋が架かっておりました。

難波小橋の西詰には、親子兄弟の道を説いたり、キリシタン禁制を布告したりした札を掲げた「制札場《せいさつば》」がありました。

ちなみに舟入橋、難波小橋は、文楽の『心中天網島』の紙屋治兵衛と天満屋小春が道行きで心中に向かう場面の「橋尽くし」にも織り込まれています。

中之島

さらに御堂筋を渡って西に参りますと、全日空ホテルの前の橋、ガーデンブリッジのたもとに「堂島米市場跡碑」がございます。最初は土佐堀川沿いの北浜、つまり淀屋さんの屋敷の前で行われていましたが、元禄十年（一六九七）にこちらに移されました。

大坂に米相場ができたのは、各藩が年貢米を換金するため値段を決めなければならなかったからですが、そのために翌年の米の収穫を予想して、米不足なら高値、米が余るようなら安値で「先物」の取引をしました。

享保十五年（一七九〇）に公認の堂島米会所となります。これが世界ではじめての「先物市場」となりました。

大坂でお金に替えないといけない理由のもう一つは、大坂の商人による「大名貸」への返済の都合もあったからです。

貨幣経済が浸透してきますと、年貢＝米という現物経済を基本にした各藩の財政は慢性的に硬直して、大坂の大商人からお金を借りて財政を切り盛りしておりました。

彦兵衛　利息は年利一割だったそうです。

純瓶　ずいぶん高利ですね。

彦兵衛　大名家は利息だけ返済するというようなことをしましたので、実は十年もすると元金分は回収できてしまってたそうですよ。

純瓶　そうすると、お大名の借金はいつまでも減りませんな。

堂島米市場跡のモニュメント

彦兵衛　あとは毎年の利息は、利益そのものとなっていたのですから、えげつないことをしていたもんやと思います。

明治維新で「大名貸」だけに頼っていた豪商は軒並み潰れ、明治政府と結びついて勢力を伸ばした三井、三菱とか、銅山開発など鉱工業を背景にしていた住友などが明治の財閥として生き延びていくのも理由のあることでした。

さて、米相場です。これは先物ですので、相場の上下は天候はじめ様々な要因で変動します。先々「上がる」と見越して買いを入れた「強気」の人にとっては、ちょっとした言葉も気になるもの。その「験担《げんかつ》ぎ」を誇張したのが『米揚げ笊』のおもしろいところです。

ちなみに相場師の方は、その後、証券会社などへ変遷してまいります。北浜に証券会社が多いのはそのためです。そして、なぜか鰻屋が多いのをご存知でしょうか。これは、相場師「うなぎ上りになりますように」という験担ぎだそうです。

ということで、本日はこの辺りで

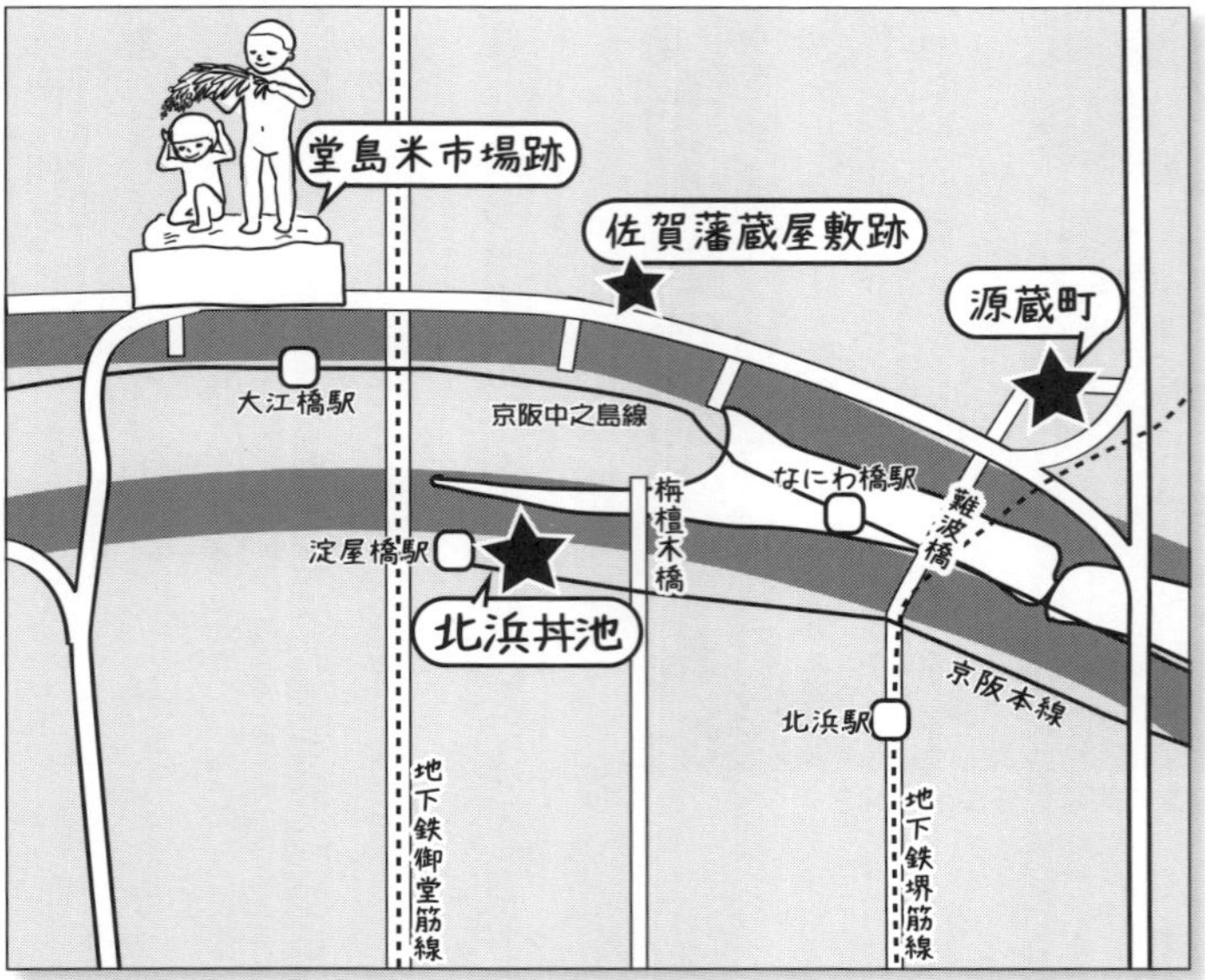

米揚げ笊の舞台
西天満・源蔵町〜蔵屋敷跡を散策

相撲場風景

堀江・大阪勧請相撲発祥の地

本場所の様子を活写

大相撲本場所の客席の様子をオムニバス風に活写したのが『相撲場風景』です。

立錐《りっすい》の余地もないような客席から一所懸命応援していますが、おなかをすかしていたり、おしっこを我慢していたり、切迫した事情を抱えている人も多いようですね。

彦兵衛　どのくらいの時代設定で演ってはりますか？

純瓶　明治とか大正、昭和初期というような感じでしょうね。

彦兵衛　前の人の帯をつかんで「褌《みつ》を取れ！」と叫んでますから、お客さんは着物を着ているようですね。そうかと思うと、「頭をポケットへ入れて」と洋装の人もいる感じですね。

純瓶　江戸時代までさかのぼらず、かといって現代ではない、という雰囲気が伝わればいいのでしょうね。

「褌《みつ》を取れ！」

相撲のはじめ

相撲の歴史は古く、日本書紀に残る野見宿禰《のみのすくね》と當麻蹶速《たいまのけはや》の天覧相撲がはじめとされます。

蹶速《けはや》というのは「蹴るのが速い」という意味の名前で、現在の奈良県葛城市の當麻《たいま》と

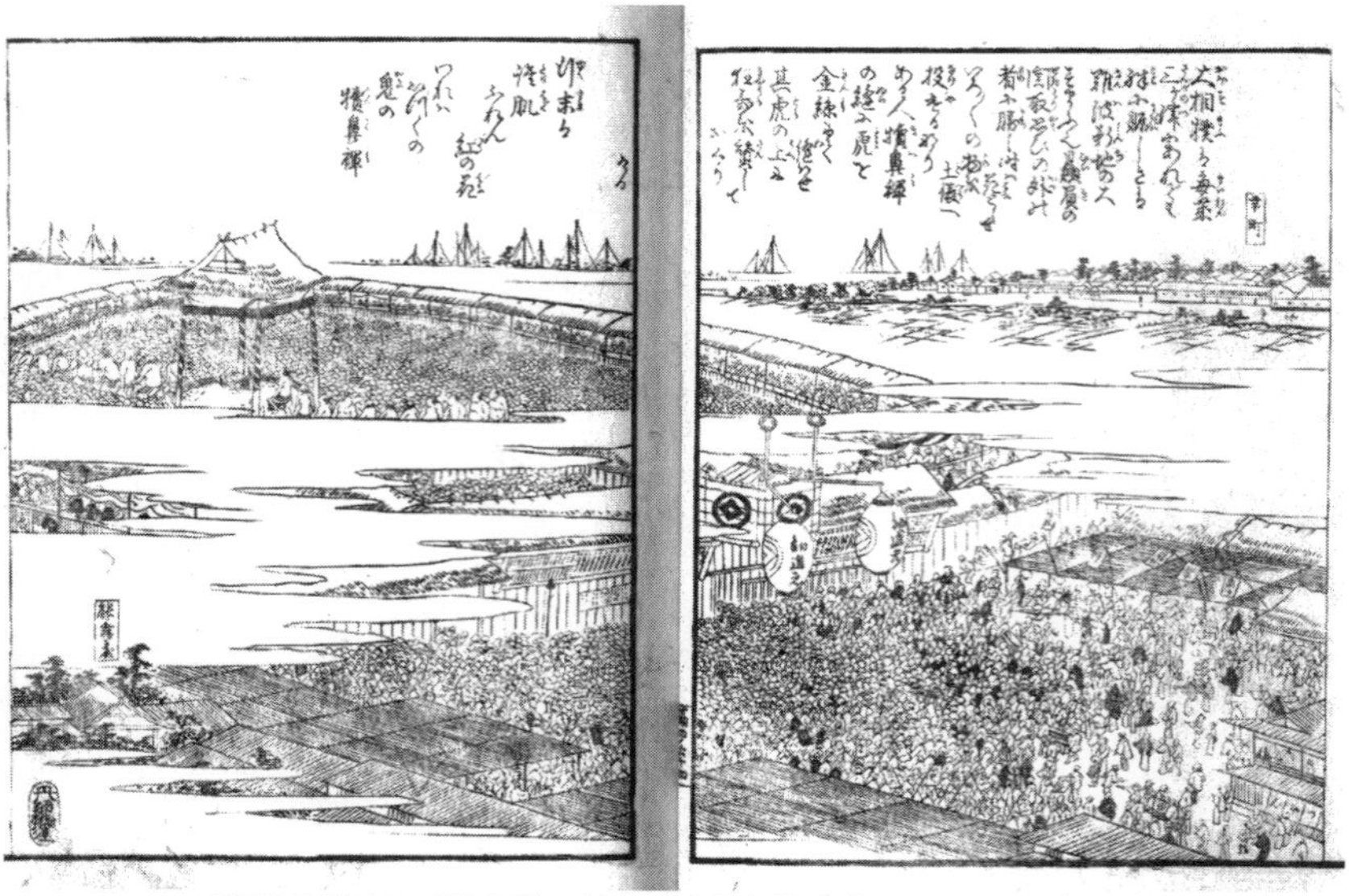

『摂津名所図会』「大相撲」（大阪市立図書館デジタルアーカイブより）

三輪山の北麓に相撲発祥の地がある

いう所にいて「この世で自分と互角に力比べができるものはいない」と自慢しておりました。それを時の帝、垂仁天皇がお聞きになって、「誰ぞ相手になれるものはおらんのか」とご下問なり「出雲におります」ということで呼び出されたのが野見宿禰です。

試合は、現在の桜井市の三輪山の北麓に相撲神社というのが現在残っており、ここで行われたとされています。二人の試合は激しいもので互いに蹴り合いになり、当麻蹶速は野見宿禰に蹴り殺されてしまいます。

当麻蹶速のふ

相撲発祥の地とされる相撲神社の鳥居（奈良県桜井市）

るさとにある當麻寺の近くに蹶速を顕彰する葛城市相撲館「けはや座」があります。館内には実物大の土俵が作ってあり、入場者はだれでも上がることができます。案外小さな感じで、「本当にこの中であの巨漢がぶつかり合えるの？」と思うほどです。

彦兵衛　純瓶さんは、創作奈良落語で、この天覧相撲を題材にして一席作ってはりますね。

純瓶　奈良を舞台にして百席目指して新作を作っていますが、その初期の作です。

當麻蹶速を顕彰する「けはや座」（上）けはや塚（下）
（奈良県葛城市）

彦兵衛　蹴り合いをして相手を殺してしまうのは「力比べ」というより「決闘」のようなものですね。

大坂相撲の興隆

力比べはその後神事となり、朝廷の年中行事「相撲節会《すまいのせちえ》」として伝承されていきます。やがて入場料を取って対戦を見せる「相撲興行」が戦国時代末期頃から始まります。

勧進相撲発祥の地の碑は大阪市西区の南堀江公園に立つ

しかし、決闘の気風を残したままで、かなり荒々しいものだったようです。江戸時代になって幕府は、あんまりトラブルが多いので禁止令を出しています。

元禄年間（一六八八～一七〇四）になって、相撲興行が許されて大坂の堀江で勧進相撲が行われました。現在の南堀江公園に「勧進相撲興行の地」の碑があります。

純瓶　まるで相撲の土俵を取り巻いていたように丸いグラウンドがありますね。

彦兵衛　ええ。でも江戸時代のはじめは、土俵は丸くなかったらしいですよ。

純瓶　えー？　そうなんですか。ほんでも、ここでずっとやってたんですねぇ。

彦兵衛　そのうち、難波新地の方に移ったそうです。

純瓶　せぇだい、さからいなはれ。

やがて江戸、東京へ

勧進相撲が堀江で始まったのは元禄十五年（一七〇二）八月という記録があります。これがだんだん盛んになって、明和年間（一七六四～七二）には難波新地でも相撲興行が行われるようになりました。京都でも解禁され、それぞれで大相撲の興行が行われました。

江戸時代の半ばまでは、京・大坂が経済、文化の中心で、相撲も大坂の方が盛んでした。

純瓶　落語の題にもなっている「花筏《はないかだ》」は大坂相撲の大関の名前とされています。

彦兵衛　そういえば『皿屋敷』で、井戸から出てくるお菊さんの「九枚」という声を聞いて震いが来て死んでしまう姫路の相撲取りがいましたね。

純瓶　緋《ひ》縅《おどし》というて大坂で十両まで行った、という設定になっています。

相撲興行はやがて現在のなんばグランド花月（NGK）辺りに

江戸で勧進相撲が解禁されたの寛保二年（一七四二）です。やがて政治経済の中心が江戸に移り、その勢いが盛んになると、相撲のにぎわいも江戸に中心が移ります。

でも「大坂相撲」は明治期になっても独自に歩みを続けていて明治十一年（一八七八）には大阪相撲協会が設立され、明治三十八年（一九〇五）には難波新地に常設の興行場所が設けられました。現在のなんばグランド花月（NGK）の辺りになります。

さらに大正八年（一九一九）に新世界に「大阪国技館」が開業します。

新世界には「大阪国技館」があった

彦兵衛　通天閣からずーと南に行って、スパワールドに突き当たる辺り。

純瓶　わはっ、でぼちん打ちますかぁ？

彦兵衛　打ちまへん。そこのちょっと横手に、大阪国技館跡の碑があります。

純瓶　ずいぶん、ひっそりとしていますね。

彦兵衛　振り返ると通天閣がそびえ、海外からの旅行者でにぎわう新世界の町が広がります。そばに「横綱」という串カツ屋さんがあるのは、それにあやかったのかもしれません。

大阪場所は大阪府立体育会館（エディオンアリーナ大阪）で行われる

開業時には記念興行として東京と大阪が合同で「東西合併大角力」が催されました。その後、大阪相撲はだんだんと衰退して、大正十四年（一九二五）に東京、大阪の相撲が合併し、日本相撲協会が誕生します。

大阪市城東区に、さらに大きな「大阪大国技館」が昭和十二年（一九三七）に建設されたのですが、戦争の激化で、「準本場所」が七回開かれただけで、軍需工場に転用されてしまいます。

と、いうことで、本日はこの辺りで。

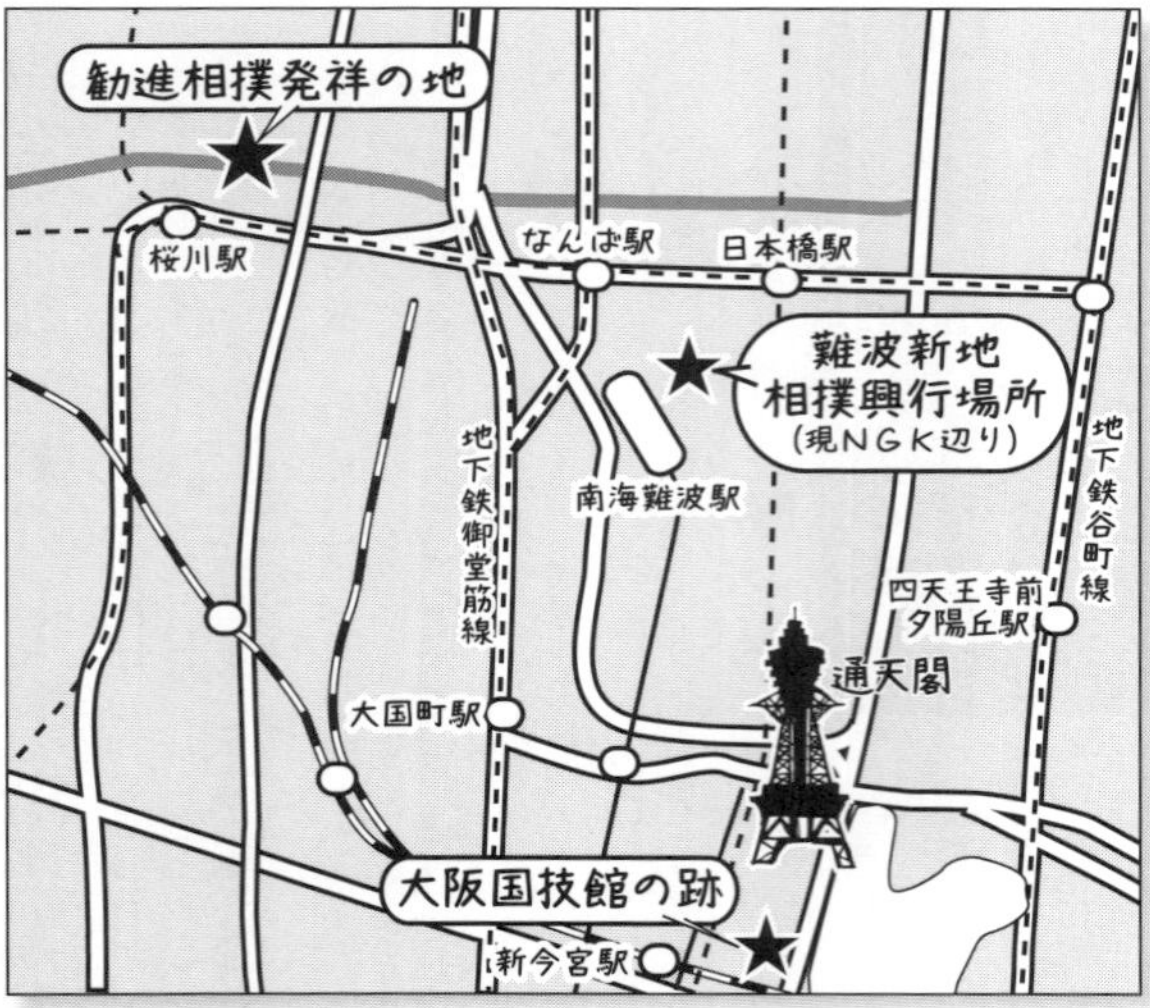

相撲場風景の舞台
堀江・大阪勧請相撲発祥の地を散策

転宅

松屋町～四ツ橋

地名は元和元年にさかのぼる

鰻谷の妾宅へ入った間抜けな泥棒の噺です。

演目の『転宅』という言葉、引っ越しのことですが、大阪弁では「宿替え」と言います。

ただ、上方落語で『宿替え』は、あわてもんのおやっさんが荷物を風呂敷包みにして、背負ったまま大阪中を歩き回るという演目です。

彦兵衛　大阪で転宅という表現は珍しいですね。

純瓶　元は東京の噺だったようです。

彦兵衛　なるほど。出てくる女性も、ちょっといなせな感じですね。

純瓶　江戸っ子で演じている人もいてますよ。

舞台の鰻谷というのは、現在の長堀通の二筋南の通りです。

堺筋から東を鰻谷東之町、堺筋と御堂筋までを鰻谷中之町、御堂筋から西を鰻谷西之町と言いました。地名は大坂夏の陣の後に町割りができた元和元年（一六一五）頃までさかのぼります。

地形的には、少しくぼんだ空堀のようになっていたことからそういう名前になったというのですが、鰻がたくさんいたんでしょうかねぇ。

鰻の語源？

彦兵衛　鰻の語源になった場所やという噺がありますね。

純瓶　そうそう。昔は鰻とは言わずノロと言うてた魚で、だれも食べなかった。

彦兵衛　万葉集に鰻は夏痩せに効くから食べたらええ、という大友家持の歌があります。

純瓶　そこらが、落語ですな。

鰻谷の民家のたたずまい

彦兵衛　板場の職人に逃げられた鰻屋の親爺をからかう『鰻屋』の枕として聴いたことがあります。

純瓶　元は独立した落語だったようですが、現在は鰻関連の演目の枕に使うことが多いですね。

こんな噺です

昔は「鰻」とは言わず、「ノロ」と呼んでいました。気味の悪い魚だったので、だれも食べなかった。

ある日、時化《しけ》で食材の調達ができなかった「日四又《ひしまた》」という料亭で、せっぱつまってノロを捕ってきて、つけ焼きにして出したところ、大変おいしくて、やってきた客が女将に「お内儀、これ、うまいな。お代わり」「お内儀、こっちもお代わり」「お内儀こっちも」と大人気となったので、「おないぎ」が訛って「うなぎ」になった。で、料亭の名前に魚へんを付けて「鰻」になった。で、その場所が鰻谷となった……とさ。

長堀川沿いの変遷

さて、『転宅』ですが、おめかけさん、おてかけさん、愛人という立場の女性の家が舞台です。

江戸時代には長堀川沿いに、石の加工場があって「長堀石浜」と呼ばれていたと『摂津名所図会』に残っております。また、住友銅吹所という銅の精錬所がありました。住友家というのは、現在の三井住友グループの源流で、泉屋という屋号で銅精錬を家業としておりました。その拠点工場がここにあったのです。

江戸時代、銅は日本の重要な輸出産品となっておりまして、他に十数軒の銅精錬業者がおりました。職人の数は数千人を数えたと言いますから、大産業やったんですね。また、ずっと西に行きますと「材木浜」と言って材木を商う問屋さんが並んでおりました。

純瓶　江戸時代には、噺に出てくるような閑静な場所ではなかったんですね。

彦兵衛　そうですね。住友家が銅精錬をこの場所でしなくなるのは明治九年（一八七六）で、その後は邸宅として使っています。

純瓶　その頃には、住宅街となっていたんでしょうね。

彦兵衛　繁華街から近くて人通りが少なく、妾宅を構えるのにええ場所やったらしいです。

純瓶　へぇ、そういう場所がええんですか？

彦兵衛　知りまへん。

落語散策橋尽し

落語散策としては長堀通り沿いに、かつての長堀川に架かっていた橋を巡りながら、上方落語『橋尽くし』を歩いてみるのも一興です。

地下鉄鶴見緑地線の松屋町の駅を出ますと、松屋町筋と長堀通の交差点です。この辺りに『佐々木裁き』に出てくる四郎吉が住んでます。交差点の南東角の所に段差があって階段になっていますが、昔は急な坂だったようです。

この辺りから

谷町から松屋町筋への階段

東は、かつて「賑町」と呼ばれていました、その前は「のばく」という貧乏長屋が集まった場所でした。

彦兵衛　大作の『らくだ』で、あばれもんで嫌われ者らくだの家はこの辺ですね。

純瓶　らくだの葬礼で、棺おけ代わりの漬けもの樽を担いだ「やたけたの熊」が、松屋町筋に出る前に「そこ坂になってるさかい、気ぃつけよぉ」という場面があります。

彦兵衛　この坂の辺りかもしれませんね。

住友銅吹所跡

東横堀川を渡った

明治大正昭和の大阪写真集４「大阪府写真帖」より
「住友本邸 島之内鰻谷 長堀川」（大阪市立図書館デジタルアーカイブより）

長堀川の南、この通りが昔の「住友の浜」

住友家本邸にあったビリヤード場が今も残る

辺り、長堀川の北、西は西横堀川、北は大川沿いの北浜に囲まれたところが「船場」。こちらは商いの中心地。

長堀川の南で東西の横堀、道頓堀に囲まれた地域が「島之内」と呼ばれ、道頓堀に近く、宗右衛門町など花街もあって「粋」の中心地となっていました。

長堀川の南岸が「住友の浜」。佐々木裁きの四郎吉ら悪ガキが遊び場にしています。

現在は、三井住友銀行の事務センターのビルが建っていますが、その地下には銅吹き所の「遺跡」が出土していまして、その一部を復元展示しています。住友家の邸宅にあったビリヤード場も保存してあります。

鰻谷川柳通り

この南側の筋が「鰻谷」です。西へ歩いて行きますと「鰻谷南通り」という商店街の入り口があり、一筋北は「鰻谷川柳通り」となっています。

長堀橋の東は板屋橋。『住吉駕籠』の中で、「住吉大社から板屋橋までいくらで行く?」という応対をする場面があります。

町ごとにネタがある

長堀橋の西は、中橋、三休橋。三休橋筋をずっと北に行くと栴檀木橋《せんだんのきばし》に到達します。『米揚げ笊』の中で、笊屋重兵衛さんの店への道順説明で出てくる橋です。

栴檀木橋

そして心斎橋は、繁華な商店街。心斎橋筋の一筋東が「丼池筋」。物知りの甚兵衛はんが住んでいる町です。

心斎橋筋の方は『高津の富』で、二番の五百両が当たったら心斎橋の大丸で浜縮緬《はまちりめん》一反買って、長い財布作ると言うてるおやっさんが出てきます。

大丸は、京都の大文字屋が発祥で、享保二年（一七一七）の創業です。その大坂店は「松屋」と言いまして享保十一年（一七二六）に心斎橋にお店を出しています。

御堂筋には橋が架かっていませんでした。新橋という橋が架けられたのは昭和九年（一九三四）。『いらち俥』で、韋駄天の寅が道普請中の御堂筋を疾走するのはこの頃です。長堀川が埋め立てられてしまったので、現在は交差点の名前として新橋が名残をとどめています。

さらに佐野屋橋という橋があって、四ツ橋に至ります。長堀川と西横堀川が直交していたために、ロの字型に四本の橋が架かっていたから四ツ橋。それぞれに名前がついていて北から時計回りに、上繋橋、炭屋橋、下繋橋、吉野屋

長堀川と西横堀川が交差した場所に橋が四本架かっていたから四ツ橋

橋です。

『辻占茶屋』という噺では、難波新地の遊女に惚れた男が、おじさんに意見されて、「心中を持ち掛けて、一緒に死のうというなら本気や」と言うんで、やってくるのが四ツ橋です。

大阪の町中にたくさん落語の現場がありますが、「古典」と言っても、時代によって風景はずいぶんと変わるようです。

ということで、本日はこれまで。

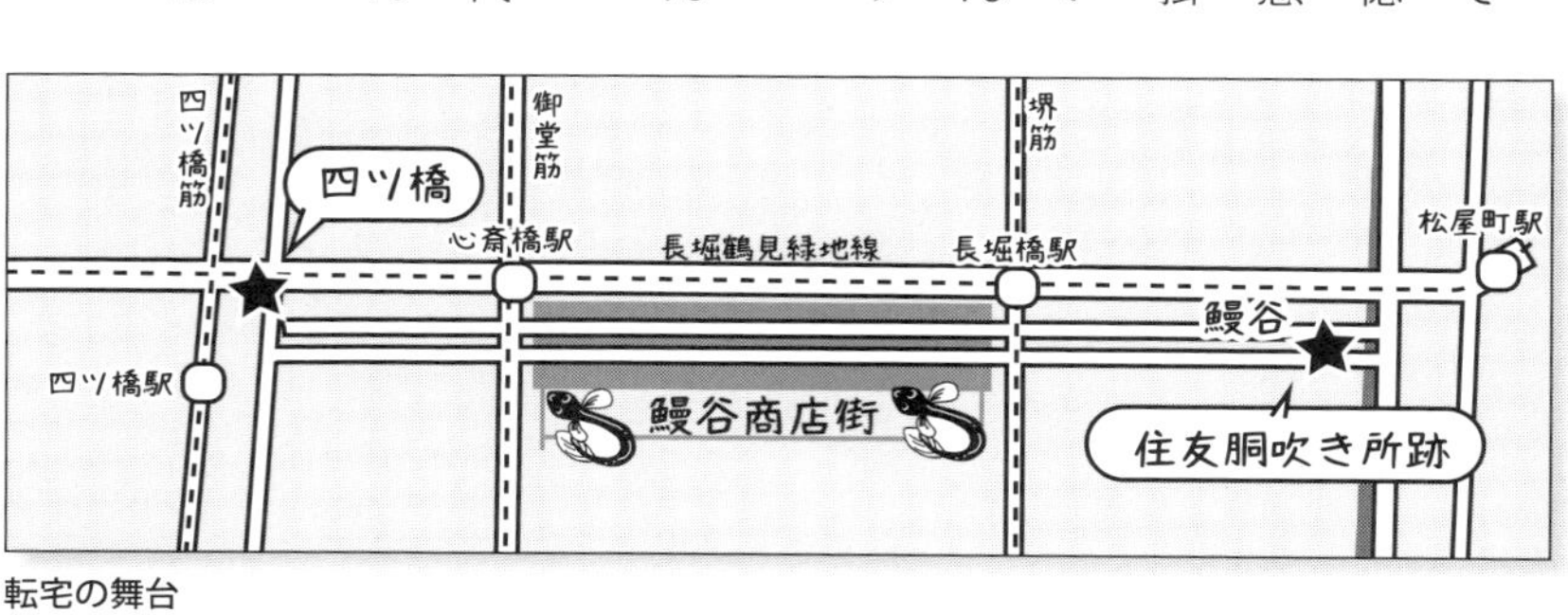

転宅の舞台
松屋町〜四ツ橋を散策

胴斬り

蜆の松～玉江橋

浪花百景「蜆の松夜の景」歌川國員（大阪市立図書館デジタルアーカイブより）

胴体がまっぷたつ？

辻斬りに胴体をまっぷたつにされて、気がついたら上半身と下半身が別々に……って、んなあほな、という演目が『胴切り』です。歩いていて、人気のない場所というので舞台に選ばれたのが、蜆の松の辺り。

蔵屋敷の並んだ中之島の堂島川に面した広島藩と久留米藩の蔵屋敷の境界辺りにあったようで、枝の先が垂れ下がり、遠目に泳ぐ蜆の姿のように見えた巨木です。

純瓶　今で言うと大阪のどの辺ですかね。

彦兵衛　京阪中之島線の渡辺橋を降りまして、川沿いに西へ行くと田蓑橋《たみのばし》という橋が架かってございますが、その南詰が広島藩、その隣が久留米藩です。

純瓶　今は大阪大学中之島センターが建ってますね。

彦兵衛　そうです。あの辺です。

広島藩邸のあった大阪大学中之島センター辺り

ちなみに、渡辺橋の南詰めには鳥取藩の蔵屋敷があり、跡地に建った旧ダイビル（大阪ビルヂング）が、その面影を残してダイビル本館という高層ビルに建て替えられております。

で、蛸の松。江戸時代の錦絵などには、蔵屋敷の塀をはるかに超える高さの巨木がそびえております。夜、月明かりに見上げると妖怪「高入道」のように見えたかもしれません。慶長年間（一五九五～一六一五）に、当時

蛸の松が元あった場所（中央のビルの下辺り）を対岸から望む

二代目蛸の松は田蓑橋北詰めに

の広島藩主、福島正則が植えたと伝わります。

蔵屋敷としては、元和五年（一六一九）に福島正則が改易された後に広島藩主となった浅野家が土地を取得したのがはじめで、浅野家は年間十石を松の賄《まかな》いに充てたということです。

一石は大人一人の一年分の食糧に匹敵したと言いますからこの松が十人扶持だった勘定になります。蔵屋敷には広島藩だけでなく、各家が松を植えてその枝ぶりを競ったそうです。

初代の蛸の松は樹齢三百年になろうかという頃、明治の末に枯れてしまいます。平成になってから、蔵屋敷の後に建った大阪府立師範学校（現在の大阪教育大学）付属小学校の卒業生が、かつての名勝をしのんで対岸の田蓑橋北詰に松を植えて再現しました。

諸国物産の集積地

純瓶　蔵屋敷ということは、各藩の武士が住んでいたんですね。

彦兵衛　それはそうですが、国元で集めた年貢米や産物をお金に替えるのが蔵屋敷の仕事で、荷役や取引のために商人や仲衆と呼ばれる荷役作業の人たちが出入りしてました。

純瓶　そこそこ、にぎやかやったんですね。

彦兵衛　『摂津名所図会』に「堂島蔵屋敷」を描いた図会

『摂津名所図会』「蔵屋敷」（大阪市立図書館デジタルアーカイブより）

がありますが、たくさんの人が働いています。

『摂津名所図会』を見ると、舟から米俵を陸揚げしていますが、これは川に面した岸ではなく、「船入《ふないり》」という屋敷の中に水を引き込み、屋敷の中で作業をできるようにした船着き場です。広島藩の屋敷の中には船入の堀に厳島神社を勧請して、大鳥居が立っていました。

絵の真ん中辺で姐さん被りの女性たちがしゃがんで地面を掃いたり、笊でふるいを掛けたりしている姿があり、俵の中の米を検査するときにこぼれた米を拾っています。

検査は、蔵の入り口のところで、俵に筒を突っ込んでいるのが見えますが、竹筒を突っ込んで米を抜き取り、良し悪しを鑑定したそうです。その筒から落ちたのが筒落ち米と言い、その筒から落ちた米を集めています。

こうして見ますと、非常ににぎやかな風景ですが、普段は貨物の搬入などがございません。蔵を預かるお役人が十

天ハ人ノ上ニ
人ヲ造ラズ
人ノ下ニ
人ヲ造ラズ
中津藩蔵屋敷は福沢諭吉が生まれた場所

人程度、多くても二十人くらい管理に当たっていたと言いますから、ごく静かな場所やったというのも頷けます。侍がいて、人通りの少ない場所ということで、辻斬りの現場として「採用」されたのかもしれません。

蔵屋敷は西国の諸般を中心に延宝七年（一六七九）に七十九、元禄十年（一六九六）八十一とだんだん増えて、幕末の天保六年（一八三五）には百十一にのぼりました。

蔵屋敷の侍の中には、備中足守藩の大阪留守居役の子弟で適塾を開いた緒方洪庵や、豊前国《ぶぜんのくに》中津藩の大坂蔵屋敷で生まれ適塾に学んだ福沢諭吉がいます。

福沢諭吉の生誕地は、田蓑橋の一つ下流の玉江橋の北詰、今の朝日放送の南側。『学問ノススメ』の冒頭「天ハ人ノ上ニ人ヲ造ラズ」の言葉を刻んだ顕彰碑が立っています。また、田蓑橋北詰には、勤王の志士を育てたという双松岡《そうしょうこう》という塾の跡の碑もあります。

米市場に米はない

純瓶　堂島というと米市場が思い浮かびますが、蔵屋敷で取引をしたのではないのですね。

彦兵衛　はい。時代によって変遷があるのですが、現在の淀屋橋南側にあった淀屋の店頭で始まったのが、後に堂島浜に移りました。

純瓶　いろんな落語に登場しますが、堂島の旦さんというと羽振りがいいですね。

彦兵衛　淀屋は贅沢が過ぎるというので、闕所《けっしょ》、つまり取り潰しになりますが、鴻池、天王寺屋、平野屋、加島屋などという豪商が出てきます。

福沢諭吉の学んだ適塾

　大坂の陣の頃から、大坂には諸国からお米が集まっていましたが、当時は、各藩の兵糧米というような性格で、取扱高も四十万石くらいでした。それが、十九世紀初頭の文化文政期には百八十万石以上になったと言います。

　蔵屋敷には、お米だけやなしに、諸国からの産物も集まりました。最初は、現物を扱う商人が蔵屋敷を差配する蔵元となっていて、それが各藩に代わって年貢米や産物をお金に替えたり、財政難の大名にお金を貸したりする「両替商」が請け負うようになりました。お金は集まるところに集まるようになっていたんですね。

　お米の取引に当たっては、取引を証明する米切手という証書が発行されました。十石（約一・五トン）単位で米と交換する「証券」で、これが米市場で取引されました。

　こうしたシステムが確立されたことで、相場の変動へのリスクヘッジができる「先物市場」が誕生していくことになります。

　本日はこれまで。

　あ、忘れるところでしたが、上半身と下半身が別々に奉公に行くことになった男の行先が、風呂屋の番台と麩屋の職人でした。

番台は、今の銭湯でも男湯と女湯の真ん中に座って、それぞれの入浴料を管理し、お客さんの荷物の番をしています。

麩屋というのは、お味噌汁の具に入れる麩や、懐石料理なんかに使われる生麩を作る職人さんです。小麦粉を水で溶いて練り込んでいくうちにでんぷんが洗い流され、「グルテン」という弾力のある成分が残ってくるのです。

この製造工程で桶の中で原料を踏んで、体重をかけて作るという作業がありました。その作業場に働きに行ったわけです。

ん？

「下半身だけだと半人前にしかならないのではないかと思うのですが……」

ま、そこが、落語でございます。

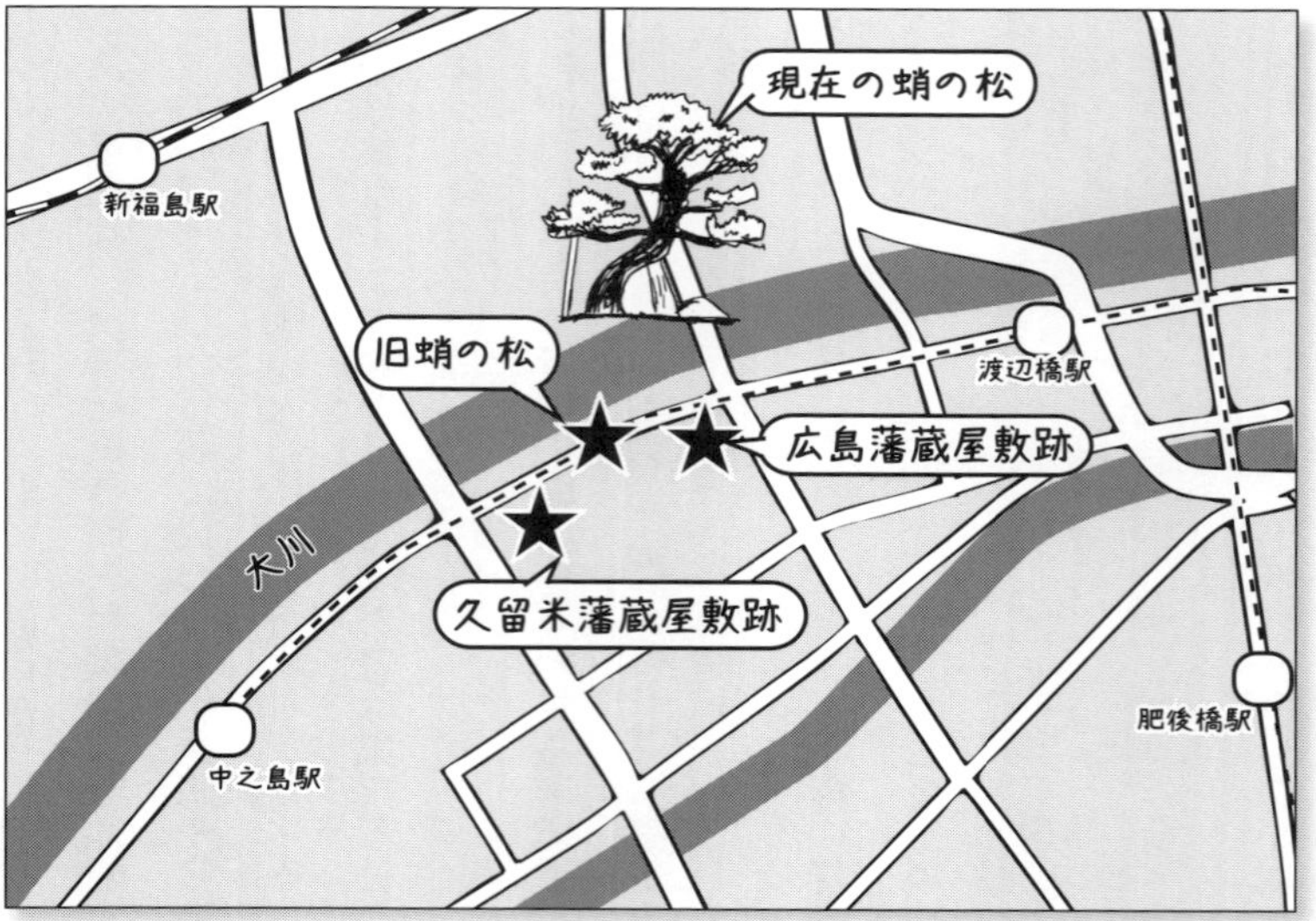

胴斬りの舞台
　蛸の松～玉江橋を散策

犬の目

道修町

くすりの町

　今回は、『犬の目』と言いまして、目を患った男が甚兵衛さんの勧めで「ちょっと手荒い」治療をする医者を紹介されるお話です。その治療法というのは、目の玉をくりぬいて洗うという……。なるほど手荒い。「んな、あほな」なお話ですが、大阪で医療、医薬と言いますと、道修町でございます。

彦兵衛　迷医、赤壁周庵先生は、他の噺にも出てきますね。

純瓶　あ、だいたい、お医者さんは赤壁周庵先生ですね。喜六、清八同様、同じ名前ですが設定は違います。

彦兵衛　ドイツで修業しはったようですね。

純瓶　噺自体は江戸時代からあるのでしょうけど、時代と共に設定が変わったんでしょうね。

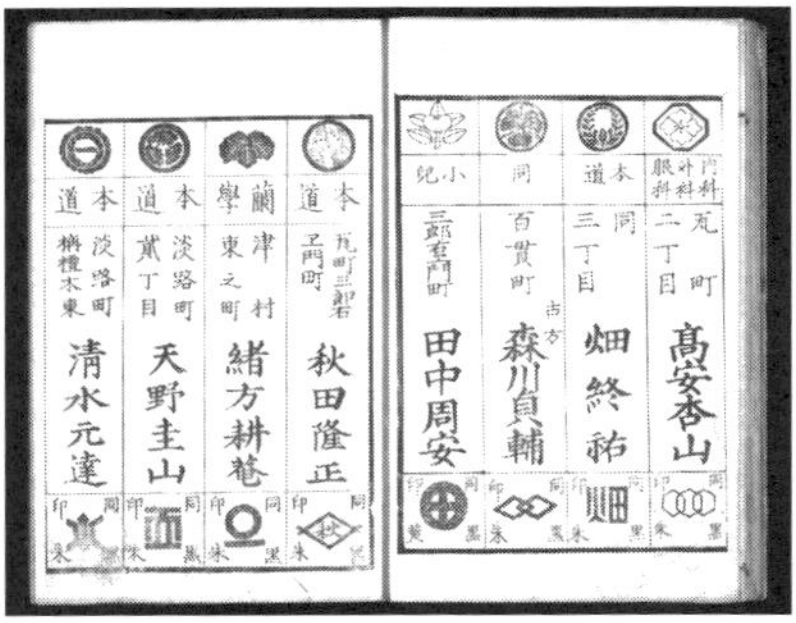
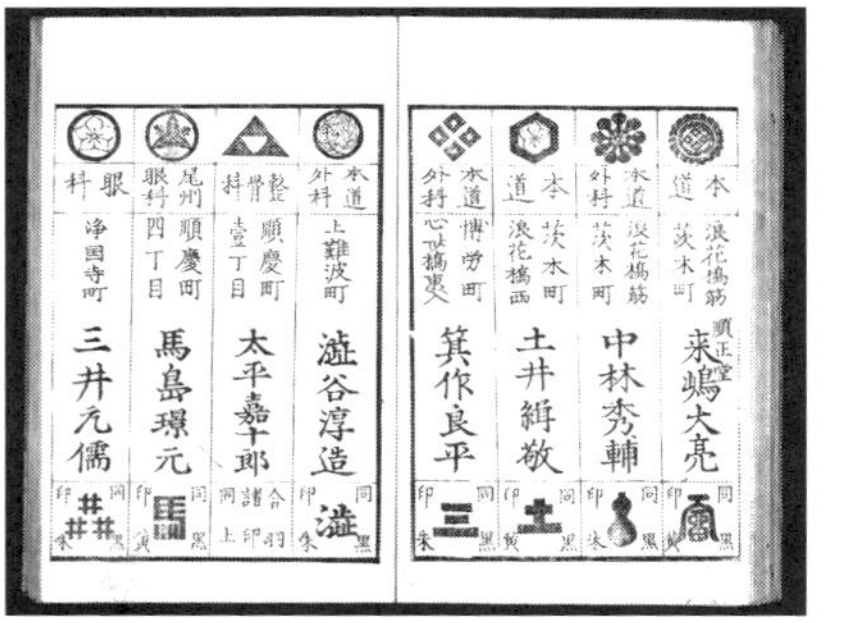

「医家名鑑　蘭学」（左）と「医家名鑑　眼科」（右）当時の名医の名が並ぶ
（大阪市立図書館デジタルアーカイブより）

彦兵衛　戦前は「薬アメリカ、医者ドイツ」と言うて、ドイツ留学した先生が一目置かれていたようです。医学用語もカルテなんかはドイツ語で、英語はカード。患者はドイツ語でクランケ。英語はクライアント、またはペーシェントです。

　さて、大阪で薬の町と言えば「道修町」。豊臣秀吉の頃、船場の北岸「北浜」は、長崎からの輸入品を扱う貿易商が集まり、特に現在の道修町に唐薬種（漢薬）を扱う商人が移り住んできたとされます。

さらに寛永年間（一六二四～四五）に小西吉右衛門という堺の商人が道修町一丁目に薬種屋を開き、八代将軍吉宗の頃、享保七年（一七二二）に幕府から薬種中買仲間百二十四軒が公認され、薬の独占販売が認められたと言います。

道修町は今も薬の町

純瓶　独占販売で大もうけしたんですね。

彦兵衛　専門家集団で、品質管理をしていたという側面もあります。

純瓶　道修町には今も製薬業界の会社がずらりと並んでいますね。

道修町の薬種商が尊崇した「少彦名神社（神農さん）」

彦兵衛　武田薬品工業、塩野義製薬、藤沢薬品（現アステラス製薬）、田辺製薬（現田辺三菱製薬）など、日本を代表する製薬会社の本社が軒を連ねていましたが、医薬品の世界的な合従連衡《がっしょうれんこう》が進んで本社機能はほとんど大阪に残されていませんね。

純瓶　寂しいことですねぇ。

神農さん

道修町は、高麗橋筋の二筋南、東横堀川から西横堀川までずーと続いています。

堺筋との交差点を少し西に入ったところにあるのが薬の神様「少彦名《すくなひこな》神社」で「神農《しんのう》さん」として親しまれています。元々、漢薬を中心とした薬種業者だったからか、道修町の商家では中国の薬の神様「神農氏」の掛け軸を掛けて拝んでいました。後に安永九年（一七八〇）になって京都五条天神宮から「少彦名命《すくなひこなのみこと》」を勧請して薬種中買仲間の寄合所をお祀りするようになりました。それが、現在の少彦名神社の場所です。

少彦名神社の境内の大楠
（楠は薬の原料にもなった）

神農さんは、中国で人々に農業と医薬について教え広めたとされていて、自ら植物を集めてなめてみて、毒性や薬効を確かめたと伝承されています。

少彦名命は一寸法師の原型とも言われる小さな神様で、大国主命とペアであちこち旅して病を癒やしたり、温泉を見つけたりしています。四国の道後温泉は、旅の途中で倒れた少彦名命に大国主命が温泉の湯を飲ませて回復させたという神話が残されています。

境内には大きな楠があります。楠から精製する成分樟《しょう》脳《のう》は、石油化学品の出回る前は防虫剤やセルロイドの原料として重宝されました。

また、血行促進作用や鎮痛作用、消炎作用、鎮痒《ちんよう》作用、清涼感を与える作用があり、湿布薬など外用薬の原料にもなったことから、薬種業者が境内に植樹したそうです。

葛根湯

神社の社務所のビル三階には「くすりのまち道修町資料館」があり、江戸時代から残されていた薬種問屋の資料をまとめたわかりやすい解説と資料を見ることができます。ちょっと訪ねてみましょう。資料館は無料で誰でも入れます。日曜日は休館。

ドアが開くとそこに、風邪薬として知られる「葛根湯《かっこんとう》」の原材料の生薬の実物が展示されています。葛の根、肉桂の皮、棗の実、芍薬の根などを細かく砕いて煎じて飲みます。発汗、鎮痛作用があり風邪の初期症状の緩和に効能があります。

純瓶　葛根湯は、落語にも出てきます。何にでも葛根湯を処方するやぶ医者を葛根湯医者とよんでいます。

彦兵衛　ま、緩やかな効き目で、大きな害もないから大丈夫やったんでしょうね。

純瓶　ま、死んでしまったら「寿命ですなぁ」と言うたそうですからね。

展示室の奥に「虎頭殺鬼《ことうさつき》黄雄圓《おううえん》」という丸薬が展示されています。虎狼痢《ころり》と恐れられた伝染病「コレラ」の特効薬として少彦名神社で施薬され、虎の頭蓋骨が成分として入っているそうです。

くすりの資料館を出て西に少し行きますと、武田薬品工業の旧本社ビル、レンガ造りの建物が見えます。これは武田科学振興財団が運営する古い医学書の図書資料を集めた「杏雨書屋《きょううしょおく》」で、江戸時代からの医学・薬学関係の道具類や本草書、解体新書、医家肖像等を展示しています。

その西の大日本住友製薬の本社一階はガラス張りの展示スペースで会社の歴史を紹介する資料が陳列されています。薬の生産に使った蒸留器や濾過器《ろかき》を見ると時代を感じます。

さらに西に進むと塩野義製薬の大阪本社ビルがあり、その前に大阪薬科大学発祥の地の碑があります。明治三十七年（一九〇四）に町内の会所を借りてこの場所に設立された大阪道修薬学校がその前身です。

学問所は町人の手で

純瓶　町内の会所にあったんですか？

彦兵衛　大阪の学問所は、町人たちが協力して運営していたケースが多いですね。この近くにある懐徳堂という塾は、商人たちが自分たちのために作った学問所でした。

純瓶　勉強好きやったんですね。

彦兵衛　商売や利殖の話ではなく、商道徳が研究されました。身分の区別なく勉強できて、仕事があれば途中から入室しても、退席してもよかったそうです。

純瓶　寄席より自由ですね。

懐徳堂は享保九年（一七二四）に創設されたと言いますから、道修町の発展とほぼ同じ歴史を刻んでいることになります。

もう一つ大阪の学問所に、緒方洪庵（一八一〇～六三）の「適塾」があります。こちらは幕末の天保九年（一八三八）に創設。最初は瓦町にありましたが、弘化二年（一八四五）に現在遺構の残る過書町に移転、拡張されました。

適塾の南側に緒方ビルクリニックセンターという医療ビルがあります。ビルの前に疱瘡（天然痘）予防の「種痘」を行った「除痘館」の記念碑があり、ビル内には資料館があります。

町人が商道徳などを研究した懐徳堂の跡がある日本生命本社ビル南側

適塾には、医療だけでなく様々な西洋の学問を研究

明治維新に活躍する人々を送り出した適塾

する若者が集まり、福沢諭吉、大村益次郎、橋本左内など幕末から明治時代に活躍した人物を輩出しています。

国の史跡、重要文化財に指定され、塾生らが学んだ大部屋や、みんなで回し読んだ辞書などが展示されています。

犬の目の舞台
道修町を散策

目の疲労に効くという「八ツ目鰻の肝」

疲れ目に八ツ目鰻の肝

道修町二丁目の堺筋本町との交差点に「道修町漢方薬局」というお店があります。店頭に「八ツ目鰻キモの油」のチラシが貼っていて「疲れ目、かすみ目、目が疲れたら」と書いてあります。

現代では、ブルーベリーのサプリメントが目にいいなんて言われますが、それより伝統的には八ツ目鰻やそうです。

鰻のえらが目のように見えるので「八ツ目」と言われますが、目は一対。鰻という名前ですが「円口類」に分類される生物で、ビタミンA、B、D、E、鉄分が豊富。水戸黄門、徳川光圀も「雀目薬（夜盲症の薬）」としての効能を紹介しています。

先にここに来ていたら、目玉をくりぬかれなくても済んだかもしれませんね。

千両みかん

天神橋〜天満橋

夏のみかん

「千両みかん」は、季節はずれの夏場のみかんを求めて、大店の番頭さんが大阪中を探し歩きます。若だんなのたっての望み、恋患いかと思いきや、果物のことかと侮ることなかれ。温室も冷蔵庫もない昔、冬採れたみかんを夏まで保たせるのは至難の業でした。

彦兵衛　思い煩う若だんなの秘密を聞き出す話には『崇徳院』がありますね。

純瓶　あっちは、ほんまの恋患いです。高津さんで出会った娘さんを手伝いの熊はんが探し回ります。

彦兵衛　探す人の立場が違うのが、お話の展開の伏線になっています。

純瓶　と、言いますと。

彦兵衛　千両みかんは、息子のためにぽんと千両という大金を出す大店でも、番頭の別家《べっけ》（のれん分け）には五十両がやっと、というギャップに、ふらふらと価値観が狂います。手伝いの熊はんは、貧乏人の上に旦さんに借金してますから、これを棒引きにしてもらった上に借家も付けてもらえるというので、欲との二人連れと張り切るのです。

純瓶　なるほど、モチベーションの違いですね。

大坂は商人、職人などの町ですが、「一人前」と言われるのは自分の家や店を持っている人を指し、「手伝い」「借家人」などはもちろん、番頭であっても奉公人は「人」のうちには入らなかったんですね。番頭さんが別家を意識し、熊はんが借家をもらう。つまり家主《いえぬし》になれるというので、夫婦して大興奮するのもそのためです。

さて、問題のみかん。現在でも夏場に「温州ミカン」を求めるのは大変です。

夏場に、デパートの「進物用果物売り場」に行って探し

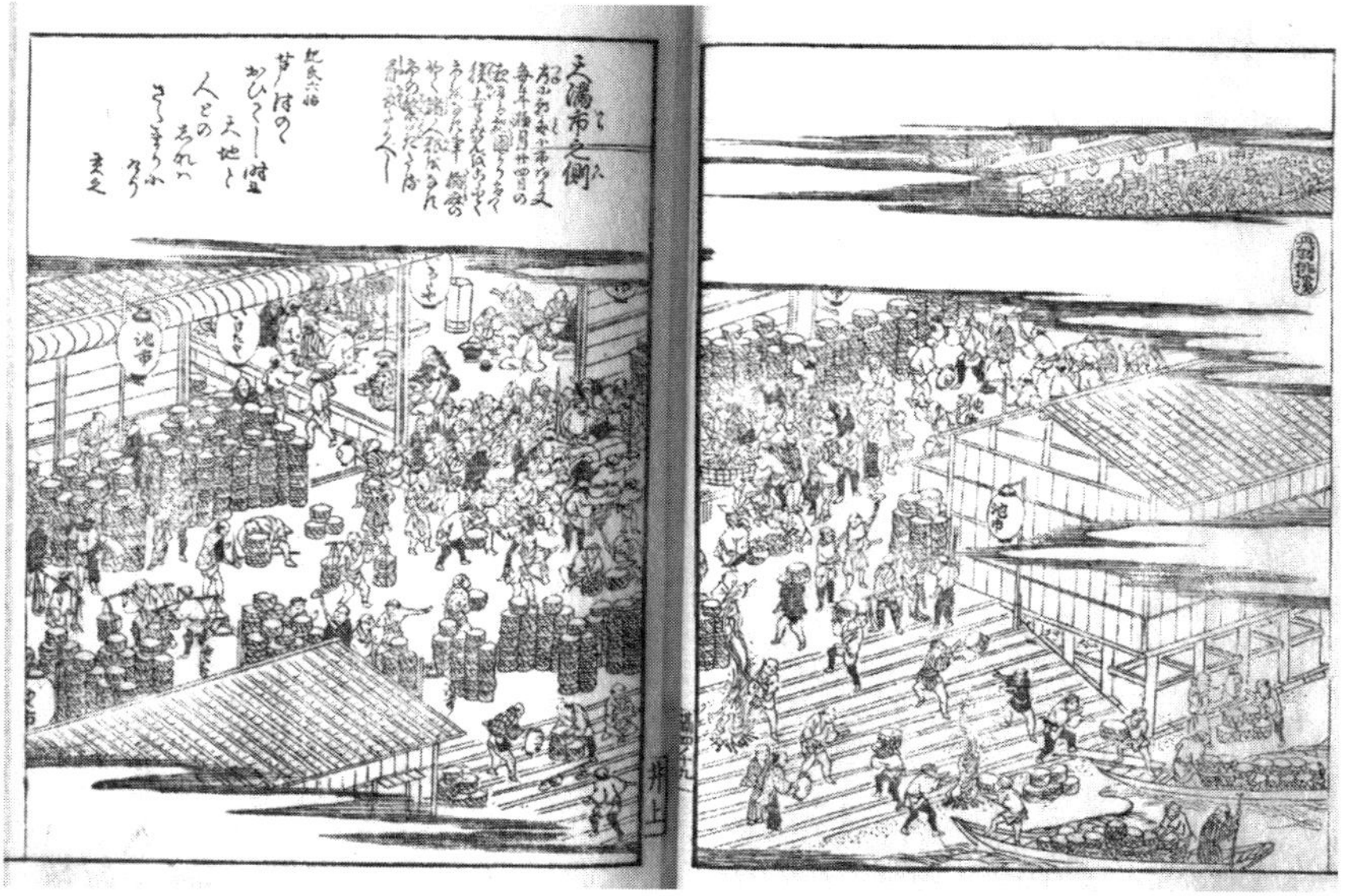

『摂津名所図会』「天満市之側」
（大阪市立図書館デジタルアーカイブより）店の奥でお金の目方を図っている

たら、ありました。長崎県産ハウスみかん。一パック五個入り千二百九十六円。ま、一千両とは言いませんが。一個二百五十円からするみかん、別に食べなくてもええように思います。

町の八百屋で教えてもらい番頭がやってくるのは、天満の青物市場。果物問屋を「あかもん屋」と言うたらしいですが、『大坂ことば辞典』には載っていません。『摂津名所図会』にも「菜蔬市場《あおもの》」と書いてあります。菜蔬は野菜のことで「あおもの」と読ませていますが「あかもの」の記載はないようです。

まぁ、その「あかもん屋」にみかん専門の問屋があって、冬場に仕入れたみかんを蔵に囲って夏の需要に備えたというのです。落語の中で聞くと「ああ、そういうこともあったんやろうな」と思ってしまいますね。

天満青物市場の起源は、明応五年（一四九六）大坂城ができる前にあった浄土真宗の本山「石山本願寺」の門徒衆

天満の子守歌の碑

天満青物市場跡の碑

のために、さまざまな農作物や水産物を商いする場所ができた頃までさかのぼるそうです。

その後、大坂城ができた慶長（一五九六〜一六一五）の頃、お城の土手下（現在の京橋南詰から北浜）に移り、大坂の陣の後、変遷の末、承応元年（一六五二）に天神橋北詰から上流部分に移転。翌年幕府に許可されて「天満青物市場」が成立します。以来、昭和六年（一九三一）に中央卸売市場ができるまで二百八十年余り、大坂の青果市場をほぼ一手に引き受けてきたのです。

だいこそろえて船に積む

純瓶　今も、八百屋さんが残ってますね。

彦兵衛　ほとんど面影はありませんが「天満青物市場跡」の碑があります。

純瓶　「子守歌の碑」もありますね。

彦兵衛　はい。子守歌に、天満の市が登場します。

〽ねんねころいち
天満の市は
だいこ（大根）そろえて船に積む
船に積んだら　どこまでいきゃる
木津や難波の橋の下

当時、大川のさらに上流には農村が広がっていて、水運を利用して都市部に野菜を運んでいました。で、帰りには、屎尿《しにょう》を回収して肥料に利用する「リサイクル」社会が実現しておりました。

天満橋北詰めの「天満青物市場」があった辺り

木津や難波というのは、新田開発で埋め立て、開墾された新しい農村地帯で、ここにもサテライトの青物市場があったのです。

天満青物市場は三十石船が着く八軒家浜の向こう岸、天神橋北詰から約三百三十メートルほどの広がりを持ち、問屋四十軒、仲買百五十軒が並んでいました。『摂津名所図会』には「春のあしたの春日野の若菜」に始まり「時雨月《しぐれづき》上旬には紀、有田の両郡より蜜柑数百万積来たり師走の二十四日まで大市あり」と蜜柑の市で締めくくられていた様子が描かれています。

扱い品は鶯菜《うぐいすな》、磯菜《いそな》、嫁菜《よめな》、杉菜《すぎな》、芥子若葉《けしのわかば》、蕗姑根《ふきしゅうとめね》、白草、早蕨、天花菜《つくし》、独活芽《うどめ》、浜防風、枸杞《くこ》、五加木《うこぎ》、三葉、芹、菠薐草《ほうれんそう》、天王寺蕪、椋橋《くらはし》だいこん、海老江《えびえ》冬瓜《かもうり》、海藻、神馬草、しょうろ、浜村かんぴょう、伏見《ふしみ》孟宗筍《たけのこ》、壬生菜、白磁姑《しろくわい》、白芋、薯蕷《じょうよ》、河内蓮根、昆陽《こや》池乃蓴《いけのぬなは》……。

大阪三大市場

この市の場所では最初、鮮魚も扱っていましたが、海産物は海に近い西の方に移り、雑喉場《ざこば》と呼ばれるようになります。雑喉は雑魚のことで、魚市場の意味です。地下鉄阿波座駅の近くに雑喉場跡を示す碑があります。

雑喉場跡の碑（大阪市西区）

天満の青物市、雑喉場に加えて、堂島米市場が大坂の三大市場と呼ばれました。

また大川の天満橋より上流は、漁師が川魚を獲る漁場でした。網島という地名は、その漁の網を干してあった風景から来ています。ここで捕れる魚は、京橋北詰の川魚市場で商われていました。

千両の値打ち

さて、みかん一つ千両ですが。一両の値打ちはだいたい十万円から二十万円とされますから、一億円から二億円をぽんと払ったということになります。本当にそれだけかけて、みかんを扱うお店があったのかどうか知りませんが、番頭さんがのれん分けの際にもらうのが多くて五十両。五百万円から一千万円というのは、あり得る額なのかも知れません。

『摂津名所図会』では、店の奥に天秤が見えます。みかんの重さを量っているのではなく、勘定に使う銀の重さを

京橋川魚市場跡の碑（大阪市都島区）

堂島米市場跡の碑（大阪市北区）

量っています。江戸の金使い、大坂の銀使いと言い、大坂では決済に銀を使っていました。銀は一分銀などの貨幣もありましたが、丁銀、粒銀など価値に見合った重さの銀をいちいち量って支払いに使っていたのです。

純瓶　いちいち量っていたのでは、時間がかかりますね。

彦兵衛　だから、実際の取引は、証文のやりとりだけで、毎月とか年末とかの節季払いなので、現物がやりとりされることは少なかったそうです。

純瓶　みなツケで買うたんですね。

彦兵衛　帳簿に付けてあるから、付けですな。

純瓶　あ、なるほどぉ。

　金と銀の交換レートは変動していました。金が高いときには江戸で物を売って金を手に入れ、銀が高くなれば大坂で売るという現在の外国為替取引のようなことが国内の市場でも起きています。だいたいの目安としては一両は銀六十匁（二百二十五グラム）だったそうです。

　本日はこれまで。

千両みかんの舞台
天神橋～天満橋を散策

船弁慶

難波橋

浪花百景「浪花三大橋」歌川國員画（大阪市立図書館デジタルアーカイブより）

弁慶はん　大阪の夕涼みの名所は難波橋となっておりまして、落語では、『遊山船』と共に、『船弁慶』も難波橋辺りが舞台になっております。

純瓶　噺の中でも説明しますが、「弁慶」がキーワードになってますね。

彦兵衛　喜六が「いつも、誰かについて来ている弁慶はん」と呼ばれるとぼやきますね。

純瓶　そうそう。ちゃんと割り

前を払うから、弁慶とは言わせないと清八が約束します。

彦兵衛　もともと遊里では、お大尽遊びをする人を「判《ほう》官《がん》」と呼んだんやそうです。で、源九郎判官義経《みなもとくろうほうがんよしつね》について くるから「弁慶」になったと『大阪ことば事典』にも載っ ています。

難波橋

現在、中之島は難波橋の下まで伸びていますが、大川を 浚渫《しゅんせつ》した土砂を埋め立てて、だんだん東に延びてきたので す。江戸時代の名所図会の一つ『淀川両岸一覧』を見ると、 難波橋は両岸を結んだ長大橋だった様子が描かれていま す。

月と船　すずしや橋の　みぎ左　伴水園
またたぐひ　なにわの橋と夕風や
ちと山崎の　はな高ふして　楳原

という俳句と狂歌が添えられています。「山崎のはな」 というのが、中之島の東の端で、この場所からの眺望がす ばらしいと称え、「夏夕《なつのゆうべ》は、納涼《すずみ》の遊参船水面《みなも》に充満し、 橋上の往来《ゆきき》、両岸の茶店《さてん》、賑わしき事、言いも尽くしかた し」と夕涼みの名所だったことを示しています。

「山崎のはな」と呼ばれたのは備中成羽藩、山崎家の蔵 屋敷があったことにより、現在の中央公会堂辺りにありま した。名所図会などでは「はな」は「端」とも「鼻」とも 書かれています。明和四年（一七六七）頃から東に築地（埋 め立て地）が作られ、にぎわいを作るため茶屋や料理屋の 営業が許可されました。

彦兵衛　鼻から鼻水が伸びたようなので「風邪ひき新地」 と呼ばれたそうです。

純瓶　あんまり、行きたくないようなネーミングですね。

彦兵衛　現在は、東端は天神橋の東にあります。先端に噴 水があって、十五分ごとに放水してますね。

純瓶　なるほど、今でも水が「はなたれ」てるんですね。

『船弁慶』

彦兵衛　さて『船弁慶』ですが、これは能や歌舞伎の演目です。

純瓶　義経と弁慶の一行が、平知盛の亡霊に悩まされるという。

彦兵衛　平家を西海に滅ぼしながら、兄、頼朝に謀反の疑いをかけられ、九州に退こうと尼崎の大物之浦から船出するのですね。

純瓶　噺に出てくるのは、歌舞伎でしょうか？　能でしょうか？

彦兵衛　亡霊が登場して、弁慶が数珠を押し揉んで調伏するという筋立てもせりふも、元は能にあって、歌舞伎に移されました。ただ、喜六、清八ら庶民が見ているところをみると歌舞伎の方かと思いますね。

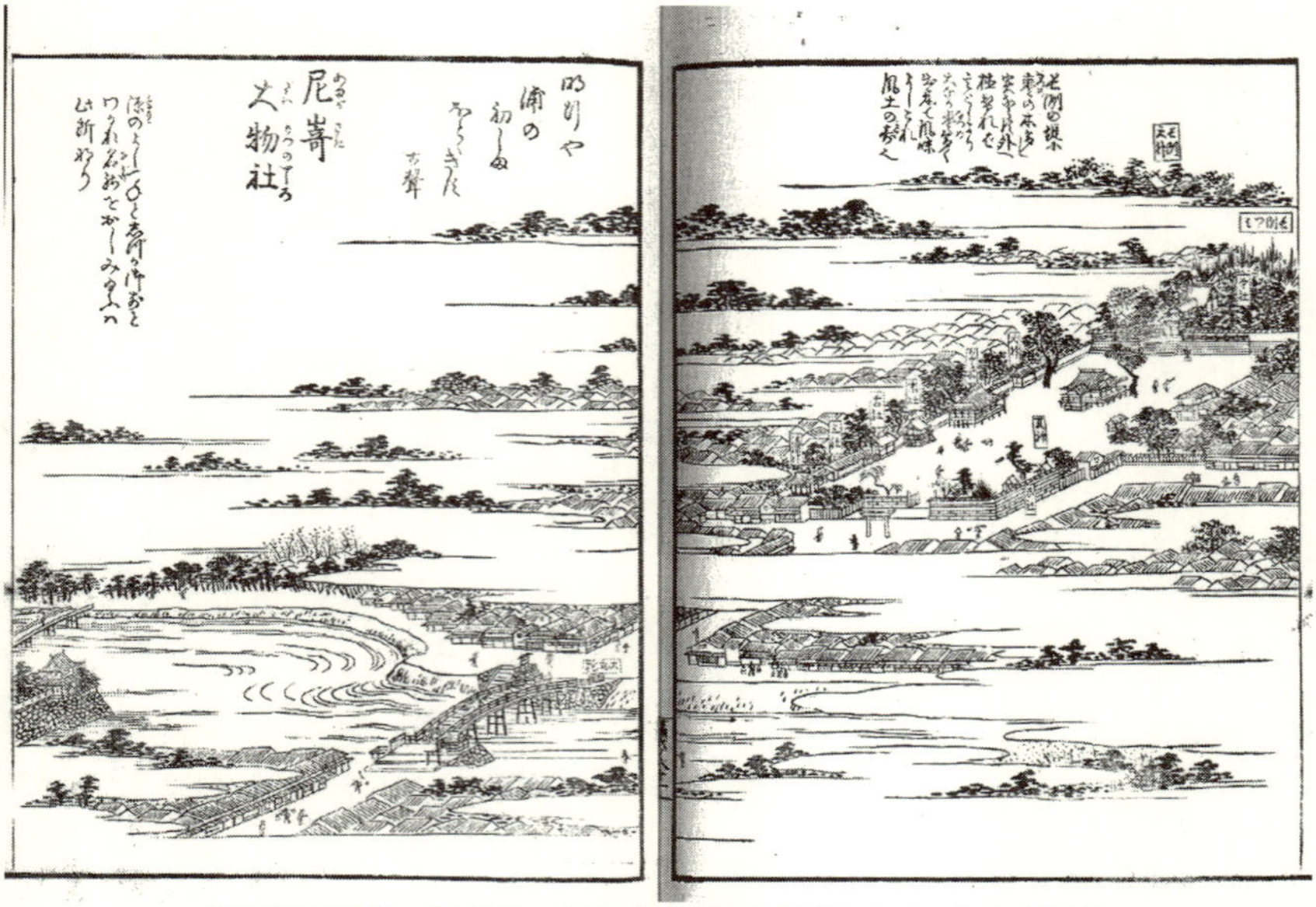

『摂津名所図会』「大物社」（大阪市立図書館デジタルアーカイブより）

能では、前シテが静御前、後シテが知盛という独特の構成になっていて、歌舞伎も静と知盛を二役で務める脚本になっています。歌舞伎にしたのは河竹黙阿弥で、初演は明治十八年（一八八五）です。初演の静と知盛の霊二役は九代目市川團十郎でした。喜六、清八が歌舞伎を見ていたとすると、この噺は明治以降の作ということになります。

純瓶　割り前は三分というやり方もありますが、私のやり方では三円と言うてます。時代設定としては、それでええんですね。

彦兵衛　明治なのか、大正、昭和なのかわかりませんが、明治以降であることには違いないんでしょうね。

純瓶　なかなか奥深いもんですね。

大物之浦

義経弁慶主従が船出をした大物之浦。現在、阪神電車大物駅から南にすぐの「大物主《おおものぬし》神社」に「義経弁慶隠家跡」の碑が建てられています。このお社の御祭神、大物主様は、かの出雲の国譲りの神様であり、大和、三輪山に鎮もる大国主、大己貴《おおむなち》様でございます。それに、平清盛がここに厳島神社の御祭神である宗像《むなかた》三神をお祀りしたと言います。

平家の氏神様が守る港から船出したら、知盛の亡霊が出るのも宜《むべ》なるかなのいきさつではありますね。

ただ今は工業地帯として埋め立てられて、海岸線はずーと、南の方に移っております。昔の海岸線にそって緑地帯の公園が整備され、『摂津名所図会』に見える「大物橋《だいもつばし》の跡」の碑も建っています。

さらに国道四十三号

大物主神社

大物橋の跡

大物主神社にある義経弁慶隠れ家の跡

を渡りまして、ずんずんと歩いて行くと、公園のはずれに辰巳八幡神社があります。境内に「静なごりの橋の碑」というのがあって、義経と静御前が名残を惜しんだ記憶をとどめております。

　義経らは、結局、海が荒れて西国に向かうのをあきらめ、吉野に転身します。これから狐忠信の『義経千本櫻』や、『勧進帳』の安宅の関などの題材となる経路をたどって奥州藤原氏まで逃避行を続けるのです。

　本日はこの辺で。

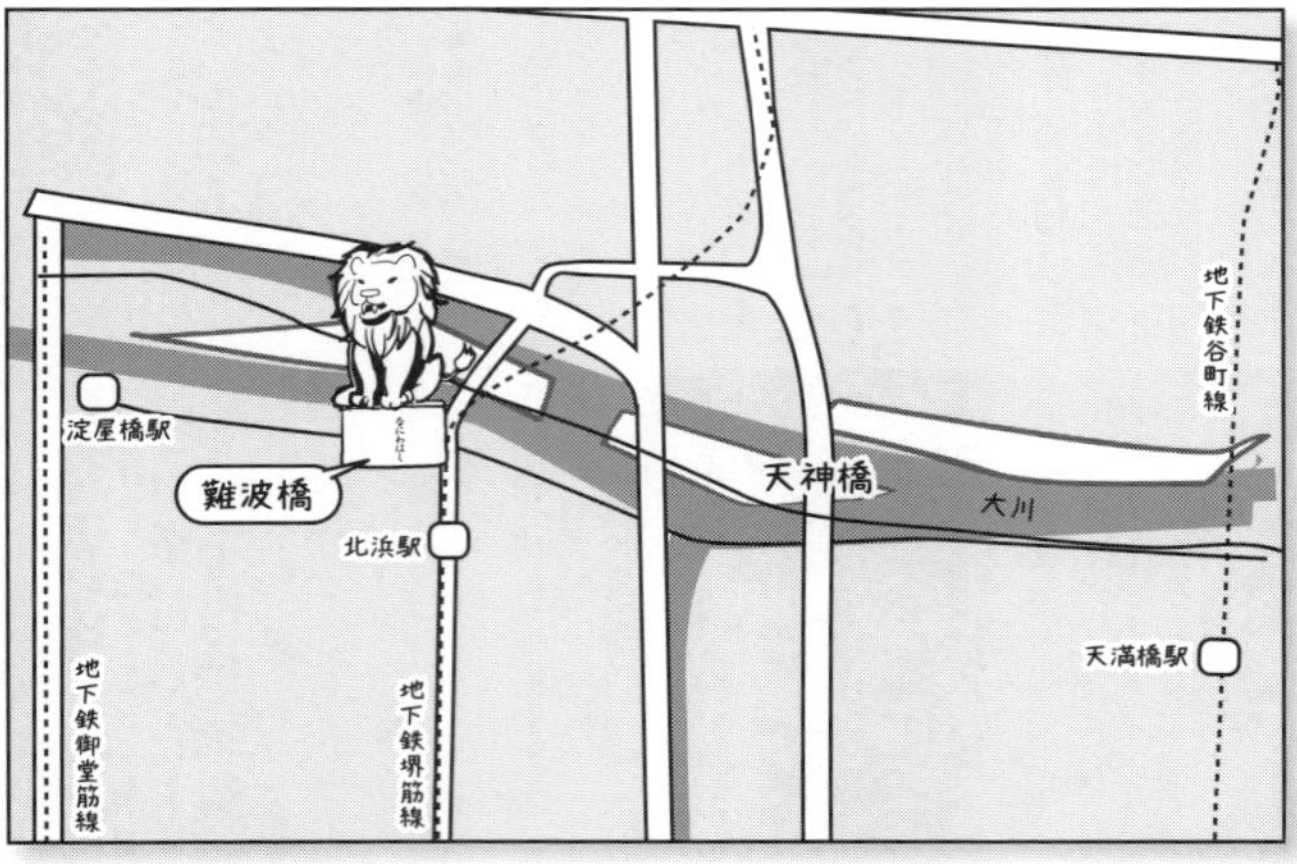

船弁慶の舞台
難波橋を散策

静なごりの橋の碑

まめだ

三津寺界隈

浪花百景「道頓堀角芝居」歌川國員画（大阪市立図書館デジタルアーカイブより）

まめだは昭和の新作

道頓堀に出没するいたずら狸を描いた『まめだ』は、作家の三田純市さんの新作落語です。「新作」「古典」の区別はなかなか難しくて、三代目桂春團治さんの得意ネタだった『代書屋』は、四代目桂米團治さんがやっていた代書屋さんの実体験を基にした新作ですが、数多くの演者さんによって、何度も高座にかけられているので、古典落語に分類しても、だれも怒らないように思います。

純瓶　日露戦争が出てくる『あみだ池』も明治の作で、桂文屋という人が作りました。

彦兵衛　人力車が出てくる『いらち俥』や、『稲荷俥』なんていうのも、明治以降でしょうね。

純瓶　『まめだ』は、三津寺筋に狸が出て人を化かすんですから、時代設定は古いですね。

彦兵衛　登場する市川右團治という役者は幕末から大正にかけて活躍した実在の役者です。

市川右團治は、天保十四年（一八四三）大坂に生まれた歌舞伎役者で、道頓堀の角座を拠点に、宙乗りや早変わりなどの「けれん」の多い演目を好み、人気を集めました。右團治の弟子という設定の主人公右三郎が、物語で「とんぼ」を切るのも、そうした背景があるものと思われます。

「とんぼ」というのは、立廻りの最中に、主役から切られたり投げ飛ばされるときにする宙返りのことを指します。「とんぼを返る」とも表現します。屋根の上や土手の上などからとんぼを返って着地すると、観客から驚きの拍手が起こります。しかし、あくまでも主役を引き立てるための演技です。と、独立行政法人日本芸術文化振興会の文化デジタルライブラリーに解説が載っています。

まめだを演じる純瓶さん

歌舞伎の舞台で大部屋の役者が、立ち回りのときなどに、宙返りをしてみせる「技」です。傘の上に乗った「あやかし」を落とすのに、立った姿勢から手を突かずに、一回転して立ち上がるという「居所立ち」をしています。傘を差したままとんぼを切ってますから、なかなか高度な技ですね。

道頓堀の狸伝説「芝右衛門」

道頓堀では、芝居を狸が観に来た「芝右衛門狸」という淡路島の民話が有名です。芝居好きの狸が淡路島からやってきて、道頓堀で芝居見物をしていたんですね。それを知った座元が「けしからん」と犬をけしかけて、狸を見つけ出し、狸は死んでしまいます。その後、芝居がばったりはやらなくなって、「狸のたたり」ということに気づき、改めて芝右衛門狸を祀って、興行の成功を祈ったというお話です。

現在の三津寺筋には飲食店が並ぶ

純瓶　芝右衛門狸は、大阪の演劇関係ではよく知られていて、松竹新喜劇の藤山寛美さんが中座に祀った狸の祠にお詣りしてはったと言います。

彦兵衛　歌舞伎の先代の片岡仁左衛門さんもお詣りしてはったらしいです。

純瓶　中座はなくなってしまいました。

彦兵衛　中座にあった狸の祠は、跡に建った商業施設のビルの地下に今も祀られています。

道頓堀のお狸様

道頓堀の北は役者が住んでいた

三田純市さんは、大正十二年（一九二三）に、道頓堀の芝居茶屋に生まれたと言い、著書の『道頓堀　川／橋／芝居』には古い道頓堀界隈の様子が克明に描かれています。「役者の住居」の章に、道頓堀の対岸、宗右衛門町、笠屋町、

太左衛門橋

道頓堀を行く遊覧船。後ろに戎橋が見える

宗右衛門町はかつては花街として栄えた

畳屋町、玉屋町、千年町などに役者の住居が多かったと記しています。

『まめだ』の舞台となった「太左衛門橋を北に渡った辺り」についても、「色町とは言いながら、町のたたずまいとしては、むしろひっそりとしていた」「同じ仕舞うた屋でも、なんとなく粋造りになっているのがおもしろい」と回想しています。「初代天外さんがまだお元気だった頃」の話として「芝居の帰りに、親父に手エ引かれて玉屋町を通るのや。成駒屋が夏の晩など、家の表へ床几を出して涼んではって、よう呼び止められたもんや」と思い出話の記述もあります。

成駒屋というのは『心中天網島』の紙屋治平などで人気を集めた名優初代中村鴈治郎さんのことで、そういう人たちの日常の町だったのですね。『まめだ』はそんな作者の体験を元に描かれているので、やはり描写にどことなく愛情を込めているという印象です。

御堂筋側から見た三津寺

宗右衛門町の一

戦災を免れた三津寺本堂

筋北が三津寺筋。現在は、飲み屋さんがずーと続いてずいぶん繁華な場所になっております。

御堂筋との交差点の北側が三津寺です。天平十六年（七四四）に聖武天皇の勅願によって、行基上人が開創したとされます。本尊は秘仏の十一面観音。これは、もともと行基が自ら刻んだ観音像だったと言います。現在は昭和八年（一九三三）に、御堂筋拡幅の際に切り倒された楠の大樹で作られた木像だそうです。秘仏ですので、拝観できませんが、同じ姿をした観音様が境内の門の脇に立ってます。

本堂は江戸時代の文化五年（一八〇八）に建立され、戦災を免れて今に伝わっております。ただ今は、本堂をそのままに庫裏や山門の改築工事をしています。

平成二十六年（二〇一四）十一月十五日付けの朝日新聞に、『まめだ』の直筆原稿が見つかった」という記事が載っていました。桂米朝さんが昭和四十一年（一九六六）に初演し、原稿も当時書かれたとされていますが、長らく行方がわからなかったそうです。

記事には米朝さん宅の資料整理を任された人が、洋服箱にあるのを発見したとあります。

当時は米朝さんはご存命でしたから、「発見」って言うても、ご本人が整理したのを忘れてはった、というような気もしますが、これだけの記事になるのも、「たぬき」を「古典並みの新作」に仕上げた、三田純市さんと米朝さんの偉大さを物語るのでしょう。

松竹座はもと洋画封切館

角座跡のビル

道頓堀五座

純瓶　道頓堀五座は、昔は芝居小屋が五軒あったからですね。

彦兵衛　江戸時代には六座から七座の芝居小屋があったとされ、五座になったのは明治時代だそうです。

純瓶　今、お芝居をするのは、松竹座だけですね。

彦兵衛　落語の中には、中の芝居、角の芝居として中座や角座も登場しますが。

純瓶　角座は演芸場として長く落語や漫才の殿堂だったんですが、今は、複合商業施設に建て替えられました。

三田純市さんは、五座について、「弁天座（いまの朝日座）、朝日座（いまの道頓堀東映）、角座、中座、浪花座の五つだと思っていたが、しかし、もちろんこれが伝統の五座ではない」としています。

弁天座は現在の中央競馬会の場外馬券売り場になっている場所の東側。

竹本座の跡に気づく人は少ない？

朝日座は、相生橋筋商店街の入り口辺りで、これも商業ビルになっています。

浪花座は、戎橋筋の入り口辺りで、ここには、竹本義太夫が人形浄瑠璃を興行した「竹本座の跡」の碑が残されています。

道頓堀川が完成したのは大坂夏の陣の直後の元和元年（一六一五）。成安道頓《なりやすどうどん》、安井道卜の事業とされますが。成安道頓は、大坂の陣の際、大坂城に籠って戦死してしまいます。

徳川の世になって、大坂の街の復興を担った松平忠明が、その功績を称えて「道頓堀」と名付けました。

芝居町として発展するのは事業を引き継いだ安井道卜が芝居町設置を幕府に願い出た寛永三年（一六二六）以降のことです。

また、歌舞伎が現在の形になるのは、江戸時代もずいぶんと後、最初は道頓堀の浜側に小屋掛けのからくり芝居など見世物小屋が出ていて、のちの竹本義太夫の人形芝居「竹本座」ができ、芝居の方も最初は出雲阿国が始めたような遊女歌舞伎から、若衆歌舞伎などを経て、男優ばかりで演じる現在の歌舞伎の形へと変遷していきます。

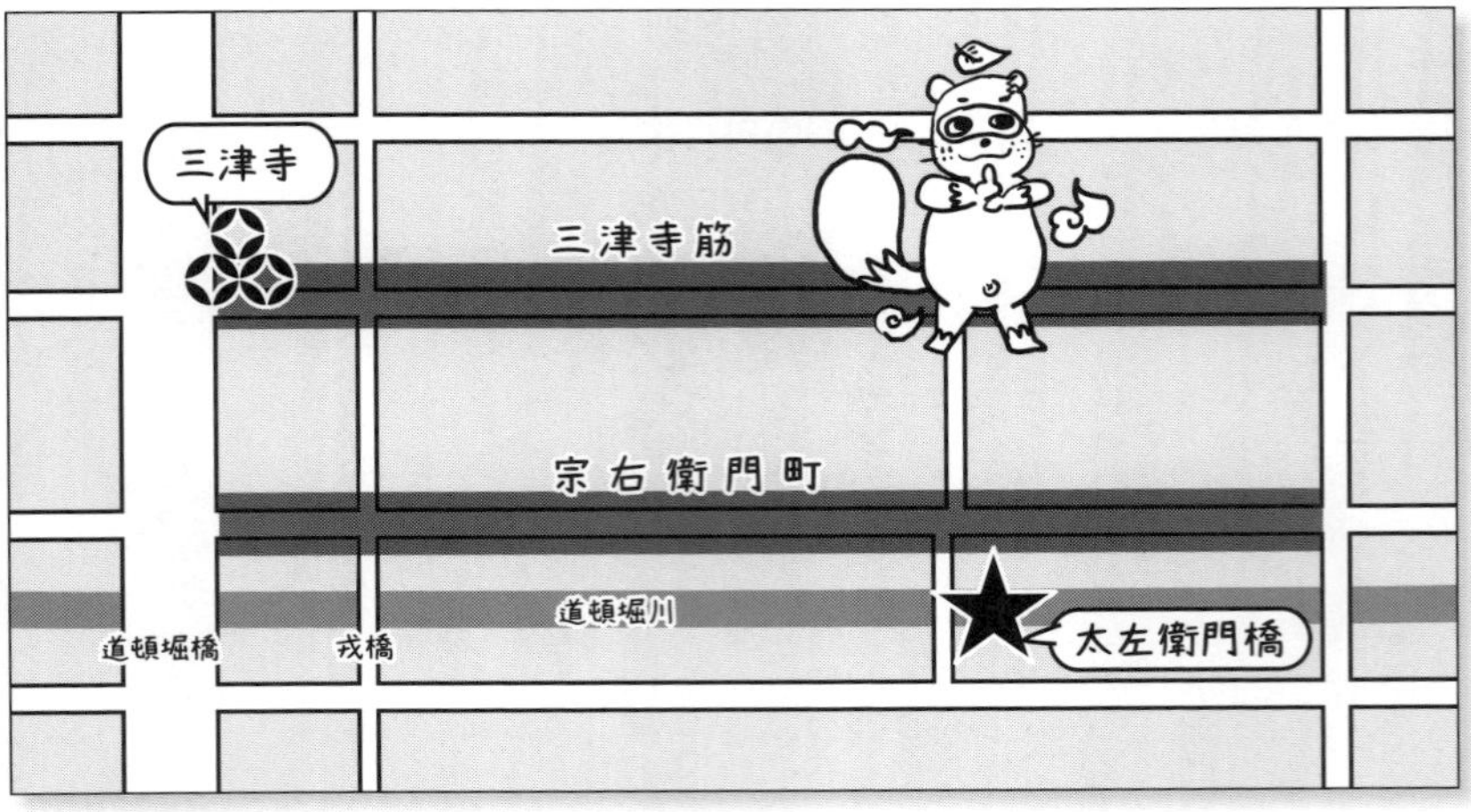

まめだの舞台
三津寺界隈を散策

『摂津名所図会』「竹田近江機捩戯場」
（大阪市立図書館デジタルアーカイブより）

機捩戯場

『摂津名所図会』には、竹田出雲のお父さんの竹田近江が興行した、機捩戯場《からくりしばい》の様子が描かれています。この絵は『船弁慶』の一場面と、『閑古鳥』という物語の一場面を合わせて描き込んだものです。

「閑古鳥が鳴く」と言うと、今では、繁昌していないさびれた様子を言います。しかし、この演目は桓武天皇が、門前に太鼓を置き「政に不満のある者は叩いて知らせよ」とお触れを出したけれど、善政を布いていたので不満を持つものがなく、太鼓も叩かれず、太鼓に鳥が棲みつき、やがて飛んで行ったという伝承に基づくもので、その鳥を「閑古鳥」と言うんやそうです。

というわけで、閑古鳥はおめでたい、そして太鼓から鳥が飛び出すというびっくり仰天の見世物として人気があったと言います。

延陽伯

高津宮

むつのかぶとのおねより

長屋のやもめの婚礼の噺です。甚兵衛さんが仲人をして夫婦になるというストーリーは他にもありまして、怪談仕立ての『ろくろ首』や、客死した講釈師の残した借財を肩代わりしてくれる人があれば、という条件で小金を貯めている男に世話をする『不動坊』なんていうのが、おなじみです。

さて『延陽伯』の主人公の妻となる人は大変美しい女性ですが、お公家さんに奉公していて、言うていることが難しくてよくわからない、というのが「キズ」なんやそうです。その「わからん」ところを、少しずつ解説してまいりましょう。

彦兵衛　縁談を持ってきた甚兵衛さんが、最初にわからんと言うてたのが、「むつのかぶとのおねより、どふうはげしゅうして、しょうしゃがんにゅうす」ですね。

純瓶　はい。でもこれは「六甲山の頂上から土ぼこりの風が吹いてきて、目に小さな砂が入った」と甚兵衛さんが、自分で解説してますね。

彦兵衛　はい。でも、現在の六甲山から土ぼこりの風が吹いて、大阪まで飛んできますかね？

純瓶　そう言われればそうですが。ま、春になったら、はるか西方の中国大陸から黄砂が飛んできますからね。

彦兵衛　そうですね。中国大陸の奥地の砂漠地帯から飛んでくるのが黄砂ですが、実は明治のはじめまで、六甲山も木のほとんどないはげ山だったんです。

純瓶　おやまぁ。

緑化百年の六甲山

平成二十九年（二〇一七）は、神戸港開港百五十年ということだそうですが、開港当時の神戸にやってきた外国人は「雪が積もっているのかと思ったら、山に木がなく地肌の土が見えていた」と記録しております。

源平合戦以来の戦乱で山が荒廃していたことと、麓の里人が薪や焚き付けにする柴の採取などをしたことから、森林が再生するいとまがなく、すっかりはげ山になってしまったのでございます。

六甲山系の再度山（ふたたびさん）は、かつてはげ山で明治時代の植林で緑の山に

江戸時代末期に描かれた「武庫連山海陸古覧」という六甲の山並み図や、明治初期の写真を見

明治 42 年（1909）高津宮の展望台から西を望む
（大阪市立図書館デジタルアーカイブより）

るとその様子がよくわかります。土砂崩れや、河川の氾濫などの災害も相次いだことから、明治三十五年（一九〇二）に六甲山の植林、緑化が始まりました。それ以来、約百年かけて、現在の緑豊かな六甲山になりました。

ですので、落語ができた頃は、本当に「土風激しゅうして小砂眼入」していたものと思われます。

たらちねの　たいないより

さて、主人公の妻の名前ですが、

「妾《わらわ》、父は元京都の産にして、姓は安藤、名は慶三。あざなを五光と申せしが、我が母、三十三歳の折、ある夜丹頂を夢見、わらわを孕みしが故に、たらちねのたいないをいでし頃は鶴女、鶴女と申せしがこれは幼名。成長ののちこれを改め延陽伯と申すなり」

と、言うてはります。

お母さんが、丹頂、つまり鶴の夢を見たので「鶴女」と呼ばれていたけれど、成人して「延陽伯」と名前を変えたと言うてます。お父さんの名前が安藤慶三、「あざな」つまり号のような別名が「五光」。

「たらちね」は母に掛かる枕詞で、ここでは母親そのものを指しており、東京では、この演目の題名が『たらちね』とされています。で、上方の題名『延陽伯』こそが、この妻の本名ということになりますが、女性が、成長してから名前を変えるてな風習があったのかどうか、寡聞にして存じません。

『延陽伯』は「縁よぉ掃く」のもじりで、隅々までよく掃除をするという意味を含んでいるそうでございます。

仍如件（よってくだんのごとし）

ついでに、最初に紹介されたときのご挨拶は「こわくごめんあれ。賤妾浅短《せんしょうせんたん》にあって是れ学ばざれば勤たらんと欲す」と言うてまして、最初がわかりにくいのですが「こわく」

は「恐く」で、「恐縮ながら」とか「大変」、「ごめんあれ」は「ごめんくださいませ」でしょう。

「賎妾」は、女性の一人称、「浅短にあって是れ学ばざれば」は、至らぬことが多く、学問もしておりませんが、「勤たらんと欲す」でせめて勤勉にお仕えいたします、というような内容です。

最後は、旦那に「起きてご飯食べてください」という言葉を並べた後、手紙のむすびの言葉「恐惶謹言」を付け加えた。

それを聞いて、「ほなら酒を飲んだら、よって件の如しかいな」は、約束証文などの結びに「仍如件（よってくだんのごとし）」と書いたのを、「よって」と「酔って」を掛けたサゲになっています。

純瓶　件の如しと言うてますが、件という妖怪がいますね。

彦兵衛　妖怪ですか。

純瓶　はい、頭が人で体が牛。または頭が牛で体が人という妖怪で、未来の予言をして、これが間違いなく本当に起きたというんです。

彦兵衛　人と牛って、漢字を分解したような妖怪ですね。

純瓶　反対で、そういう妖怪なので「件」の字を当てたんですよ。

彦兵衛　ほんまですか?

純瓶　各地にそういう伝説が残っています。それで、約束事がちゃんと履行されるのは間違いなし。よって件の如し、というようになったそうです。

彦兵衛　もぉ～!

長屋のサイズは九尺二間

甚兵衛さんが、お嫁さんを世話するとやって来て、その晩すぐに結婚してしまいます。実際にはこんなに簡単ではなかったでしょうが、江戸時代は、婚礼は夜に婚家で行うのが通常でして、現在の神様の前で祝詞を挙げるスタイルは、明治以降、キリスト教徒が神父さんや牧師さんの立ち合いで神様に誓うという形式を真似て作り出されたそうです。

長屋というのは、大体、店を構えた通りの裏にあって、表の店の主が、借家を経営しておりました。「大家」「家《いえ》主《ぬし》」「差配人」などと呼ばれた管理者に運営をゆだねております。

上方落語では「家主さん」と呼ばれていて、甚兵衛はんはこの立場の人ですね。店の裏にあるので「裏店《うらだな》」と言い、家賃を「店賃《たなちん》」と言うのはこのことです。

長屋の一番シンプルな間取りが「九尺二間」。間口が九尺。一間半で、奥行きが二間。つまり、畳の間四畳半に、入り口に台所になる土間が一畳半付いているというタイプ。

大店になると借家を何軒も持っていて、貧しい人を住まわせました。ある意味の社会福祉事業のようなことになっていて、落語の主人公たちが、しばしば家賃に支払いを滞らせるのも、こうした実態に即した話だったのかもしれません。

『延陽伯』の舞台は『高津の宮』と同じです。

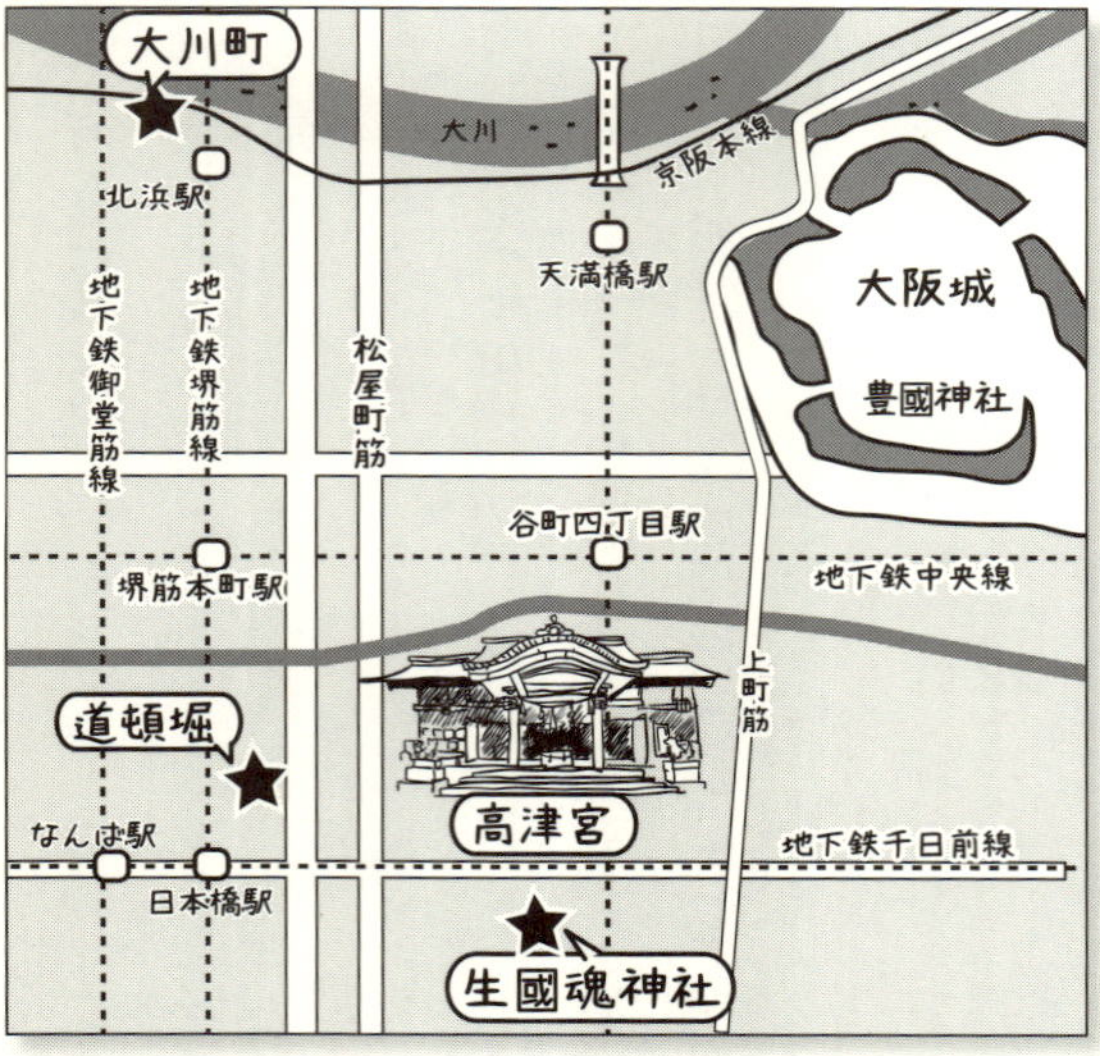

延陽伯の舞台
高津の宮～生國魂神社を散策

天神山

一心寺〜安居天神

浪花百景「安居天神社」歌川芳雪画（大阪市立図書館デジタルアーカイブより）

幽霊女房、狐女房

舎利《しゃり》頭《こうべ》を回向すると、深夜に幽霊が訪ねてくるというストーリーは『野晒《のざら》し』や『骨《こつ》釣り』にもみられますが、『天神山』は、最初の幽霊が導入部で、次に狐を助けて、その狐が夜に訪ねてきます。

彦兵衛　この噺の季節は春ですね。

純瓶　花見に行こうかと思ったけれど、変わりもんなんで一心寺に墓見に行きますからね。

彦兵衛　へんちきの源助は頭半分丸刈りで、けったいな人やなと思ってたのですが、この間、町でそういうヘアスタイルの人を見かけました。

純瓶　おまる、弁当箱にしてました？

彦兵衛　そこまでは見ませんでしたが。

一心寺本堂

一心寺

一心寺は、浄土宗の宗祖、法然上人が文治元年（一一八五）に開かれたお寺です。

今では、遺骨を粉にして練り込んだ阿弥陀仏（お骨佛）が有名ですが、始まったのは明治二十年（一八八八）からです。それ以前は土葬のお墓も周りにあったことでしょう。もちろん普通のお墓もたくさんあります。

一心寺の墓地　向こうに見えるのはハルカス

四天王寺西門からほど近い草庵で法然上人が夕日を拝して極楽浄

酒封じの神様として信仰を集める本多忠朝の墓

土を想念する「日想観」を行じられたことが一心寺の由来となっております。また、時代が下って、大坂の冬の陣（一六一四）では徳川家康が茶臼山に本陣を置き、一心寺を宿所としております。

境内には、酒の上で不覚を取り、夏の陣で挽回しようと討ち死にした本多忠朝の墓があります。「慎むべきは酒なり、今後我が墓に詣でるものは必ず酒嫌いになるべし」といまわの際に言い残したと伝えられ、「酒封じの神」として崇められています。塀で囲われた廟内には断酒、禁酒への願いを込めたしゃもじ型の絵馬がたくさん奉納されています。

また北門には、家康が真田幸村に追い詰められてあわやというとき、霧を降らせてその姿を隠したという「霧降の松」があります。

家康の窮地を救った霧降の松

純瓶　え？　家康が霧で隠れたんですか？

彦兵衛　霧隠れは真田十勇士ではなかろうかと思いますけどね。

純瓶　徳川方の伝説でしょうね。

彦兵衛　上方講

安居天神の本殿

談の三代目の旭堂南陵先生は、大坂方が負ける夏の陣のとこは演りはらへんかったらしいですよ。

純瓶 真相は霧の彼方ですね。

天神山

へんちきの源助が別嬪さんの幽霊を嫁はんにしたというので、自分もと、一心寺に出かけたのが胴乱の安兵衛。そうそう舎利頭があるわけでもなく、やってきたのは一心寺の北側、逢坂という現在は国道二十五号となっております道を隔てた、安居の天神さんでございます。

逢坂という坂も昔は結構な勾配があったそうです。

また、この辺りは上町台地の西の端になっておりまして、谷町筋から松屋町筋にかけて、どーんと落ち込んだ崖になっております。

純瓶 高台の天神さんなんで、天神山なんでしょうね。

彦兵衛 こちらは、真田幸村終焉の地ですね。

純瓶 銅像が立ってます。

彦兵衛 あ、ここのは座ってはります。戦に傷ついて休んでいるところを討たれたんですね。像の脇にさなだ松があります。

純瓶 どうして、こっちに霧を降らさんかったんですかね。

信太森葛の葉稲荷神社

上町台地は、江戸時代には、寺町の間に料亭などもあって、近場のリゾートのような場所やったそうです。自然も豊かで、狐もたくさん棲んでいたのでしょうね。安兵衛は、ここで狐を捕まえて黒焼屋に持って行くという男から、獲物を譲り受けて逃がしてやり、この狐が、恩返しに現れて嫁はんになってしまいます。

葛葉伝説ゆかりの信太森神社（大阪府和泉市）

狐が人に化けて姿を確かめたという「姿見の井戸」

このストーリーは文楽やお芝居になっている「葛の葉伝説」のパロディです。信太の森で狐を助けた安倍保名の元にやってきたのは狐の葛の葉姫。もうけた子供を童子と名付けて育てますが、本物の葛の葉姫が現れて狐の化生と知れて、子を残して去っていく。残された歌が

恋しくは　尋ね来てみよ　和泉なる
信太の森の　うらみ葛の葉

大阪府和泉市の「信太の森」には、信太森神社、通称葛

の葉稲荷がございます。ＪＲ阪和線の北信太駅を降りて五分ほど南へ歩いたところに、樹齢千年という楠の大木も残る鎮守の森に囲まれて、お祀りされております。境内には狐が人間になってその姿を映したという「姿見の井戸」や、子育てや安産に御利益があるという「子安の石」などがあります。

安倍晴明の生誕の地という「安倍晴明神社」

彦兵衛　この下の句は、この神社にゆかりの掛詞になっています。

純瓶　と、言いますと?

彦兵衛　葛というのは、マメ科の蔓性の植物ですが、葉っぱが三枚一組

『摂津名所図会』「高津宮下黒焼屋の店」（大阪市立図書館デジタルアーカイブより）

に付くんです。そのうち二枚が裏返る異形の葛が境内に生えて、これを「裏見」と言うたので、神社の紋章にもなっています。

純瓶　あ、恨みと裏見を掛けてあるんですね。よぉ～できてますね。

うらみ葛の葉のたとえはずいぶん古くからあるようで、『新古今和歌集』にある和泉式部の

秋風は　すごく吹くとも　葛の葉の
うらみがほには　見えじとぞ思ふ

という歌の碑も境内にあります。「秋風が吹いていますが、うらみ葛の葉のように恨みの表情出ているようなことはないと思います」というような意味で、人の心の裏表や移り変わりを象徴するような歌に詠みこまれる題材でした。

ところで童子は、長じて陰陽師、安倍晴明となります。現在、安倍晴明神社のある当たりが生誕の地とされ、境内には産湯の井などがあります。ここから信太の森までは十五～十六キロありますが、昔は徒歩圏内だったんでしょうか。

蘆屋道満大内鑑《あしやどうまんおおうちかがみ》

葛の葉伝説を題材にした文楽「蘆屋道満大内鑑　葛葉子別れの段」ですが、昔は「あ、あの噺やな」とピンとくるくらいに、人々の娯楽のベースにあったのでしょう。お常はんが書き残す「恋しくば　たずね来てみよ」の歌も、そのまま使っています。ただ、「南なる、天神山の森の中まで」は、本歌ほど深い意味があるようには思えませんが。もしかしてなんぞ読み解き方があるのでしょうか。

それから、狐を捕りに来た男が、売り先にしようとしていた「黒焼屋」は、高津宮の西の階段下に本当にあり

ました。『摂津名所図会』にその様子が描かれています。

「黒焼の店には、虎の皮豹の皮熊の皮狐狸までも軒に吊りて云々」の記述がありますから、狐も扱っていたのでしょう。昭和五十四年（一九七九）まで約四百年続いた名物店だったのですが、「薬事法違反になる」ということもあって廃業されたそうです。

別の落語で、イモリの黒焼きが「惚れ薬」の効果絶大で、いろんなものに恋い慕われて大騒動になるという噺もあります。

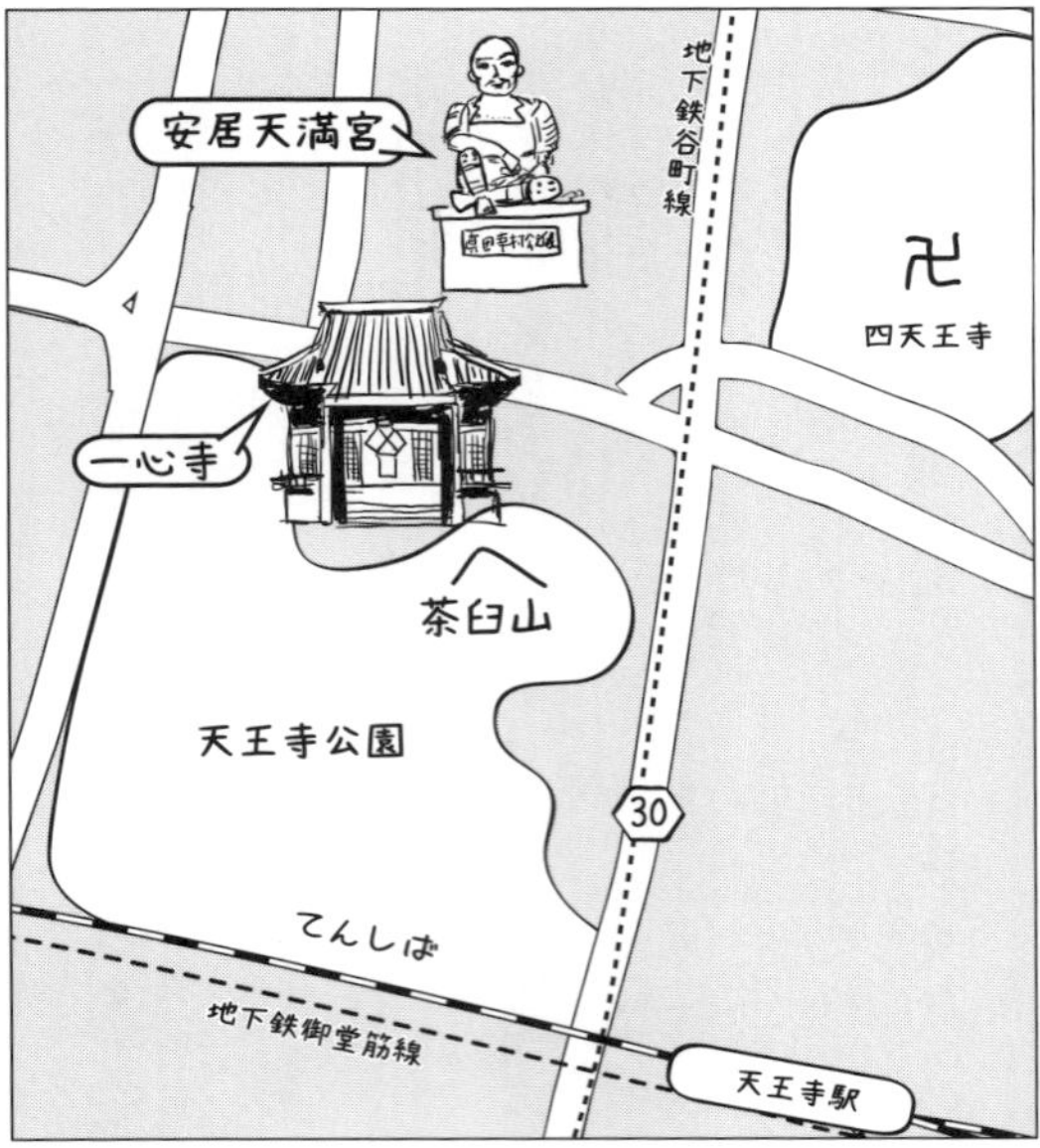

天神山の舞台
　一心寺〜安居天神を散策

茶臼山は古戦場

大坂の陣では、慶長十九年（一六一四）の冬の陣で徳川家康が本陣を置き、翌二十年には真田幸村が布陣しました。古来「荒陵《あらばか》と呼ばれて、古墳と見られていたようですが、石室などは確認されておりません。

茶臼山は、標高二十六メートルの丘のような「山」です。以前は、頂上には何もなかったのですが、最近、頂上に標柱が置かれたり、大坂の陣の布陣図が常備されたりと「観光地」としての整備が進んでおります。

公園出口の一心寺存《ぞん》牟《む》堂《どう》の案内所に行けば、「登頂証明書」を頂けます。一枚百円。

登頂証明書

茶臼山（天王寺公園内）　標高 26m

あなたは、「茶臼山」に登頂されたことを証明します

このひく～い茶臼山は、大阪五低山のひとつです。
しかし、天王寺区では一番たか～い場所です。

そのため、大坂の陣では徳川家康や真田幸村が本陣を置きました。
大きな建物がなかった時代、ここから大坂城までよく見渡せたことでしょう。

H29年 7月25日

登頂記念 茶臼山 OSAKA

てんのうじ観光ボランティアガイド協議会

茶臼山登頂証明書

茶臼山「山頂」は観光地として整備された

浪花百景「玉江橋景」歌川国員画（大阪市立図書館デジタルアーカイブより）

鷺取り

四天王寺五重塔

北野の萩の寺「円頓寺」

落語の世界では、「楽して金儲け」を狙って奇抜な手法を考えついて、結局えらい目に遭うという噺が多いようです。

『鷺《さぎ》とり』もそんな一席。鷺を捕ってひと儲けしようという男が、「それなら円頓寺に行け」と教えられて、夜中に円頓寺に忍び込み、池で羽を休めている鷺を捕ります。

純瓶　円頓寺は、現在の大阪市北区にある太融寺の近くにありますね。

彦兵衛　ビルの谷間になっていますが、昔はかなり大きな境内があったようです。

純瓶　萩の名所やったらしいですね。

彦兵衛　ここら一帯を北野と言いますが、「北野の萩の寺」と呼ばれていました。

今はビル街にある円頓寺

　古い地図を見ますと露天神の東にお寺が並ぶ寺町の北側、桓武天皇の創建という太融寺と共に円頓寺が描かれています。もともとは淀川右岸にあった「木寺」というお寺を江戸時代の元文三年（一七三八）に現在の場所に移したのがはじめやそうで、日蓮上人ゆかりの寺が荒れ果てているのを見かねて、日蓮本宗の僧が豪商の支援を受けて移転、建立したと言います。

　現在の佐藤哲夫住職は「戦災に加えて、北側の道路拡幅に伴う区画整理で、ずいぶん境内は狭くなりました」とおっしゃっています。

　ちなみに正式には「えんどんじ」と読みます。それが訛って「えんどぉじ」と呼ばれて「若い娘がいったらあかん」と言われたとか。なんでって?「縁遠くなる」から……やて。

純瓶　鷺がびっしり羽を休めるような池もあったんでしょうかね。

彦兵衛　佐藤住職が先代から聞かれたところによると、小さな築山と池はあったけれど、そんな大きな池はなかったんやなかろうか、ということです。

純瓶　春は桜、初夏には牡丹、秋には萩と花の名所やったとか。

四天王寺五重塔は古代から大阪のランドマーク

彦兵衛　それがねぇ。江戸時代には無住に近い状態やったみたいで、そんなに手入れは行き届いていなかったようです。「萩なんて、雑草みたいなもんやから、ほっといても咲いたんちゃうか」とは、先代住職の見立てです。

戦後、周囲はネオンのまぶしい歓楽街となりまして、当代の佐藤住職が萩の名所を再現しようとして栽培した萩は、花を咲かせることなく枯れてしまいました。

四天王寺の五重塔

捕まえた鷺が一斉に羽ばたいて、舞い上がった男がひっかかったのが四天王寺の五重塔です。

四天王寺は、たびたび地震や落雷による被害を受けて、その都度再建されてきました。昭和九年（一九三四）の室戸台風で被災して復興したのが昭和十五年（一九四〇）ですが、それも束の間で、昭和二十年（一九四五）三月の大空襲で伽藍が灰燼に帰してしまいます。現在の建物は八度めの再建によるものです。

五重塔は鉄筋コンクリートで塔の高さは三十九・二メートル、そのうち相輪《そうりん》が十二・三メートルあるそうです。

拝観料を払って通りますと、五重塔の北の入り口は開いておりまして、螺旋階段をてっぺんまで登れます。「コンクリート造りなんて」と言いながらも、コンクリートならこその功徳でございます。で、てっぺんには四方に窓がありまして、石の鳥居、金堂、講堂、中門が見えます。

大坂の七不思議

噺の中に「大坂の七不思議、玉江橋からまーすぐ南に四天王寺さんの五重塔が見える」というくだりがあります。大阪の北西にある玉江橋の正面に、大阪の南東にある四天王寺の五重塔が見えるのが不思議と言うた後で「実は、橋は蛇行する大川の流れに直交するので、南北軸に対して若干南東に向いていて、位置関係から言って不思議ではない」という謎解きがされます。

現在の玉江橋からは五重塔は見えない

純瓶　それにしても、けっこう距離がありますが、見えたんでしょうか？

彦兵衛　現在の玉江橋に立っても、ビルやマンションが林立していて見えません。ただ、四天王寺の五重塔のてっぺんから北西を眺めますと、玉江橋の少し西にある中之島センタービル（ＮＣＢ）の屋上のアンテナの構造物が見えます。

純瓶　ビルがなければ見通せたということでしょうかね。

彦兵衛　そうですね。試しにＮＣＢの三十階の窓から見ましたが、五重塔は発見できませんでした。

純瓶　残念ですね。

彦兵衛　その代りあべのハルカスは見えます。

玉江橋の近くの中之島センタービル（NCB）から
ハルカスが見える

錦絵の「浪花百景」には玉江橋を侍の隊列が渡っていて、遠景に五重塔が見える図柄があります。

ところで、大坂の七不思議と言うから、あと六つは何やろうと探してみたのですが、見つかりませんでした。インターネットの情報に「大阪の七不思議」を見つけたのですが、この中には玉江橋が入ってないんですね。玉江橋を入れたら八不思議になってしまい、不思議がまた一つ増えました。

　ということで、本日はこの辺りで。

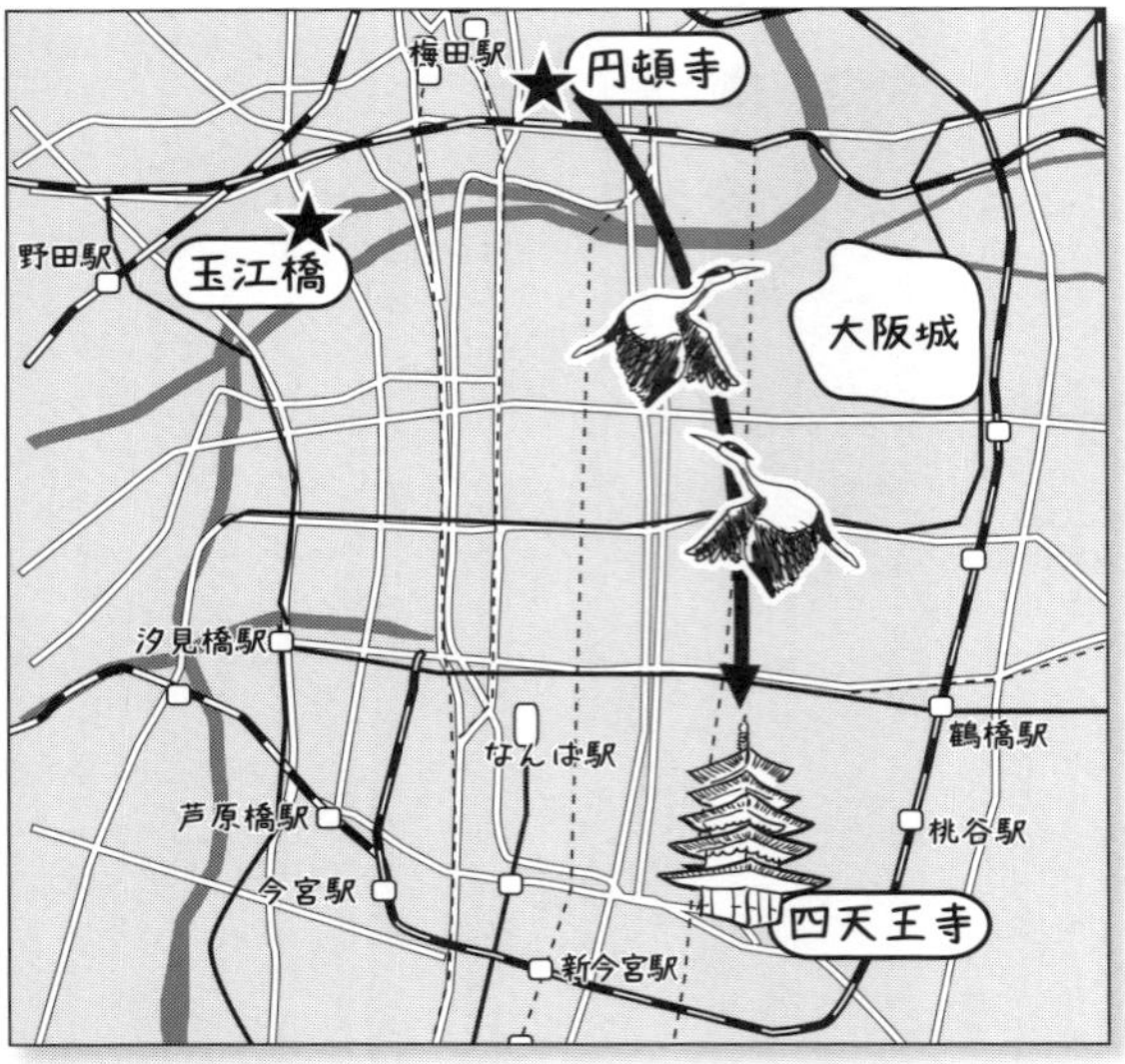

鷺取りの舞台
円頓寺～四天王寺五重塔を散策

俄

落語の中に、五重塔に何かひっかかっているのを見つけた人たちが「なんぞ変が起きてる」と騒ぎ集まるシーンがあります。

　それに乗じて、滑稽なことを言う人が出てくる。

「あんさんにわかでっか?」

「にわかでんがな」

「あ、にわかじゃ、にわかじゃ」と囃し立てます。

　江戸時代の中頃に上方で始まった俄《にわか》という芸能で、路上や祭礼、寄席などで、即興でおもしろいことを身振りを交えて客を笑わせた芸です。即興で「俄に」演じることが語源とされます。劇場用のかつらや衣服を付け、路上で行うときは「ニワカ行灯」というものを携えなければならず、またお金をもらうのではなく、市民の楽しみ、遊興として行うというような決まりもありました。

　この俄の芸能を源流に、後に曾我廼家五郎・十郎劇団のような喜劇に発展し、松竹新喜劇へとつながっていきます。

三十石

枚方宿鍵屋資料館

東の旅の締めくくり

気の合うた二人の男、お伊勢さんにでもお詣りしょやないかと「でも」つきの神詣り……。と始まるのが上方落語の「東の旅」シリーズでございます。

大坂を旅立って暗峠を越えまして、奈良、伊勢街道を東へ取って、途中、名所見物をしたり狐に化かされたり、色々とエピソードがありまして、大津から京へとずいぶん大回りをしております。

続いているようですが、途中三人旅になったり、からっけつになったりと設定はバラバラ。その旅の最後を飾るのは、伏見から淀川を下り、八軒家に向かう船の道中を描いた『三十石』です。

彦兵衛　この噺も、喜六、清八のコンビが船宿に入るまでは登場しますが、乗ってからは、乗客たちのやりとりになります。

純瓶　船宿の主や船頭と乗合の人たちとのやり取りで、旅の雰囲気を出しますね。

彦兵衛　三十石は船の大きさ、積載量のことです。お米三十石と言うと、米俵で七十五俵分になります。

三十石船は全長五丈六尺（約十七メートル）、幅八尺三寸（二・五メートル）。市バス二台を縦に並べたくらいの大きさやったと言います。船頭は四人、定員は二十八人でした。苫《とま》で雨露をしのぎ、荷物は屋根の骨に吊るしました。途中、船番所があって、船荷の検閲を受けるのに、苫は取り払いました。

米三十石は約四・五トンで、人間二十八人分より重いのは、人間は米俵のように積み上げられなかったからです。

船代は、江戸時代初期の寛永三年（一六二六）には下り十文、上り十六文、中頃の寛政十二年（一八〇〇）には下り七十二文、上り百四十四文だったと記録があります。

伏見船宿

東海道五十三次と言いますと、江戸と京都を結ぶ街道の宿場の数ですが、元和二年（一六一六）に大坂まで「伏見」「淀」「枚方」「守口」の四宿を増やして五十七宿になっております。また、参勤交代の行列は、大名と天皇の接触を警戒して、京には入らず、伏見と大津を結ぶルートをたどりました。

四つの宿場は陸路と共に、並行する淀川を利用した船便が活用されました。

通行手形に当たる「過書《かしょ》」と呼ばれる許可証が発行され、過書を持っている船「過書船」は関税を免除されました。江戸時代に淀川を行き来する船は千艘を超えたと言います。

彦兵衛　伏見には、現在も船宿の寺田屋の建物が保存されております。

澱川両岸一覧「伏見船宿」暁晴翁（大阪市立図書館デジタルアーカイブより）

純瓶　浅い小川のようですが、この前の川に、三十石着けられますか？

彦兵衛　昔は、ずいぶんと川幅が広くて水量も多かったようです。現在は十石船という小さな遊覧船が観光シーズンに運行されています。

純瓶　往時をスイリョウあれ、というわけですね。

『澱川両岸一覧』

伏見は「伏水」とも書く名水の地で、酒蔵がたくさんあります。江戸時代の名所図会『澱《よど》川両岸一覧』にある「伏見船宿」の図には、落語さながらに、船宿の風景が描かれています。帳場で帳面を付けている様子や、侍が奥の桟敷に案内されているところ。また、土産物の伏見人形を脇に置いて、注文した食べ物の配膳を受ける人もいます。「本堂再建」の幟を持つ出家は、お寺の普請の勧進を募っています。

船が本流に出ますと、船頭さんが「船唄」を歌います。

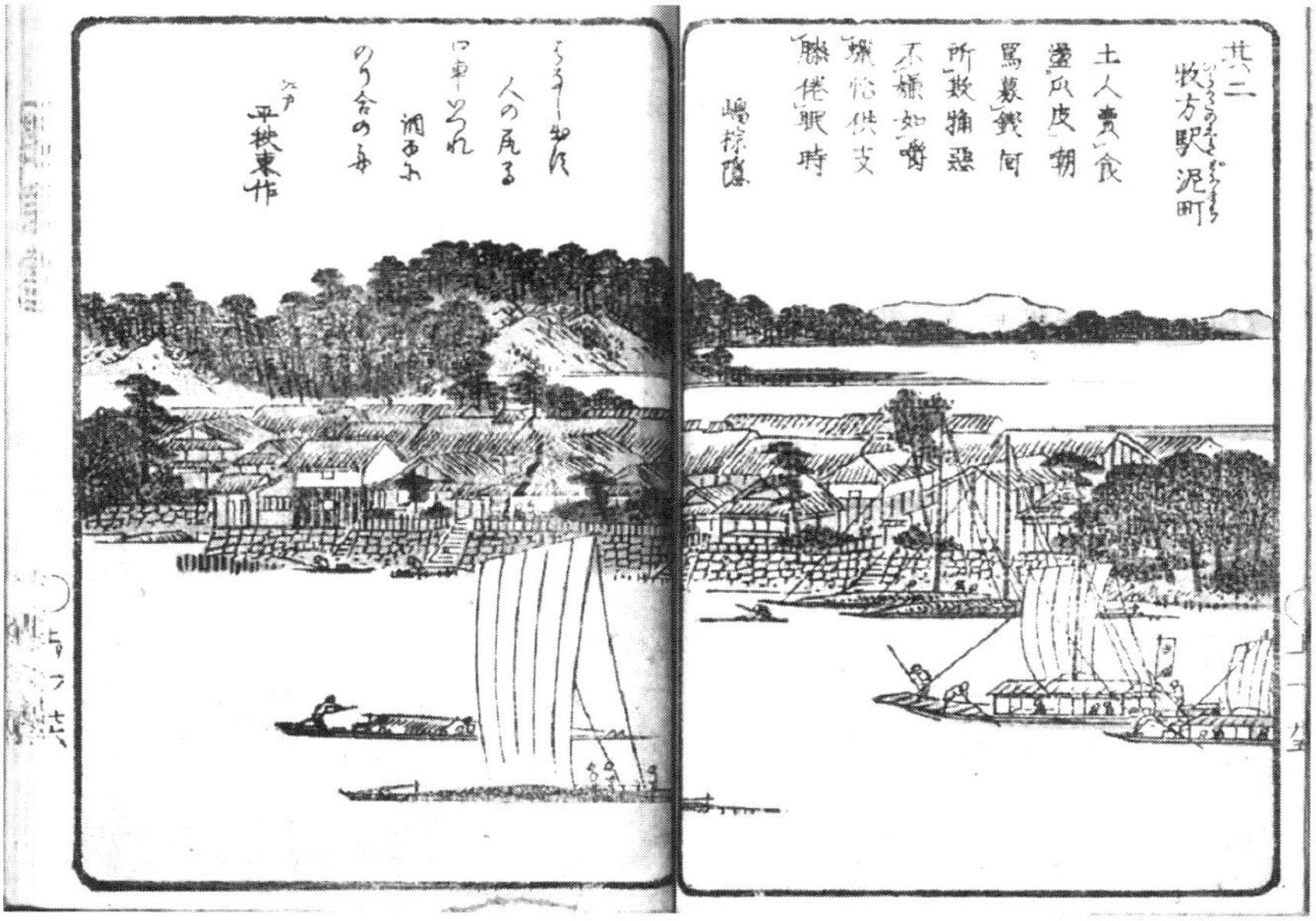

澱川両岸一覧「枚方駅泥町」（大阪市立図書館デジタルアーカイブより）

流域の見どころ、名所が織り込んであります。

〽（ヤレサー）**淀のうわての　あの水車**
（ヤレー）たれを待つやら　くるくると（ヤレサ　ヨイヨイヨーイ）

名所の一つに「淀の水車」というのがありました。直径八間（約十五メートル）の大きな水車があり、一つに一斗六升（約三十リットル）も入る桶が十六個付いていて、農業用水を組み上げていたそうです。

〽（ヤレサー）**ここはどこじゃと　船頭衆に問えば**
ここは枚方　鍵屋浦（ヤレサ　ヨイヨイヨーイ）
〽（ヤレサー）**鍵屋浦には　碇はいらぬ**
三味や太鼓で　船止める（ヤレサ　ヨイヨイヨーイ）

枚方宿

だんだんと下ってまいりまして、枚方宿。ちょうど中間点辺りでして、ずいぶん繁華な宿場町だったようです。

この宿には、三十石の船客に「餅くらわんか、ごんぼ汁食らわんか」と口汚く、酒肴を商う「貨食船《にうりぶね》」が漕ぎよせました。口の悪さもまた名物の一つとなっていました。

講談には、大坂冬の陣で真田幸村の計略に掛かって敗走した二代将軍徳川秀忠が、淀川の船頭に助けられて、その褒美として「悪口御免」の約束をしたのが、そのはじめという『くらわんか船の由来』という演目がありますが、それは後世の創作のようです。

船待ち宿・鍵屋

純瓶　落語では、伏見から下りますが、もちろん上りもあったんですね。

彦兵衛　上下三便ずつあり、下りは半日、上りは一日くらいかかったようです。

純瓶　川をさかのぼるんですからね。そら、時間がかかったでしょうな。

彦兵衛　上りは、岸から綱で引っ張り上げる所が合計九か所ありました。

純瓶　え？　引っ張るって、人力で？

彦兵衛　そう。人間が、えんやえんやと引っ張って遡上したんです。

純瓶　なんかものすごい世界ですね。

彦兵衛　船賃は、上りは下りの二倍やったそうです。

純瓶　時間が二倍かかるのに？

彦兵衛　そやよって、たいがい京へは歩いて行かはったようですね。

天保十四年（一八四三）に枚方には、民家三百七十八軒、旅籠六十九軒があり、旅籠の数は伏見の三十九軒よりはるかに多い繁華な宿場町でした。

「鍵屋の浦」は、淀川に面して水深が深く、大型船も着

枚方市立枚方宿鍵屋資料館は京街道と淀川に面した
船待ち宿を復元している

岸できました。

「鍵屋」は江戸時代から続いた三十石船の「船待ち宿」で、安永二年（一七七三）の文書に「六十年前から三十石船の乗客に餅などを売る商売をしていた」とあり、明治になって、電車が開通してからも料理旅館として平成九年（一九九七）まで営業を続けていました。

枚方市立枚方宿鍵屋資料館は、店じまいした鍵屋の建屋を解体修理、復元した建物です。

旧京街道にも面していて水陸をつなぐ「トオリニワ」のつくりになっています。街道に面して、竈を設えた「カマヤ」があり、道行く人を呼び込んで、温かい食事を提供できる「煮売り屋」を商っていたことがしのばれます。

ということで、本日はこれまで。

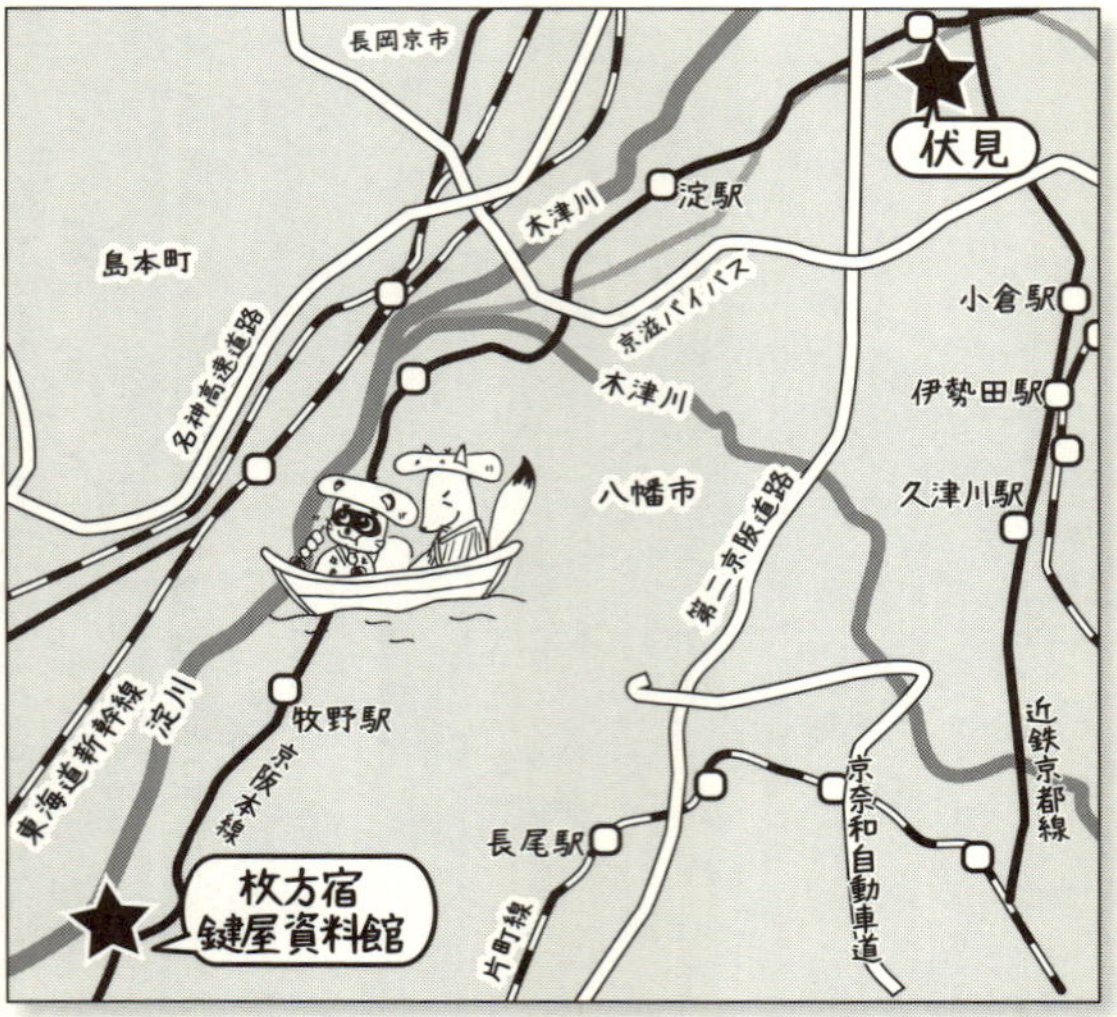

三十石の舞台
枚方宿鍵屋資料館を散策

維新のドラマの舞台

薩摩藩の定宿で幕末に藩内の攘夷派と公武合体派の衝突で同士討ちが起きる「寺田屋騒動」や、薩長同盟の仲介をした坂本龍馬が逗留中に幕府の捕吏に踏み込まれ、包囲網を突破して薩摩藩に匿われる「寺田屋遭難」などの事件で有名です。

後に龍馬の妻となるお龍さんが、入浴中に捕吏が包囲していることに気づき、裸のまま裏階段から急を告げたというエピソードが伝わっております。

事件の後、お龍さんと龍馬の薩摩までの旅は、日本ではじめての「新婚旅行」とも言われています。

伏見船宿「寺田屋」の建物

商売根問

本町橋～曲淵地蔵

新商売は起業家の始まり？

落語の分類の中で「根問いもの」と呼ばれるものがあります。女性にもてるにはどうしたらいいかを教える『色事根問』、世の中のしきたりの謂れなどを教える『浮世根問』、そして、仕事のあれこれについての『商売根問』などです。

彦兵衛　だいたい、物知りの甚兵衛さんが、訪ねてきた頼りない喜六に物を教えますね。

純瓶　ま、なんか、むちゃくちゃなこじつけもあります。

彦兵衛　『商売根問』は、喜六がいろいろ商売を考えては失敗するという。

純瓶　あほらしいけど、ちょっとやってみたくなるアイディアもあります。

彦兵衛　やってみようというのは、起業家魂の始まりですわ。

落語の世界では、導入部分がよく似ていて、それから展開が変わって別の噺という演目があります。

「商売根問」もそんな演目で、『鷺とり』と同工の導入部分があります。起業アイデア(?)の一つか、「鳥取り」です。「鳥刺しとは違う。トリモチで一羽ずつ捕まえるような悠長な事しない」と言います。伊丹の名物こぼれ梅を庭に撒いて、それをついばんだ雀がほろ酔い気分になったところで、南京豆の枕を投げて寝てしまったところを箒と塵取りで掃き集めるという……。

純瓶　こぼれ梅は、味醂《みりん》のしぼりかすのことですね。

彦兵衛　伊丹はかつて、酒どころだったので、同じ醸造品の味醂も生産されていたのでしょう。

純瓶　少しアルコール分が残っているので、食べ過ぎると酔うらしい。

彦兵衛　昔は、神社仏閣の参道におやつや、お土産として売ってたと言います。現在は、宝塚市の阪急宝塚線清荒神駅の駅前で売ってはります。

純瓶　あ、ありましたか？

阪急電車「清荒神」の駅前でみつけた「こぼれ梅」

彦兵衛　冨久屋さんというお店で「これがこぼれ梅ですか」と聞いたら、「味見しますか？」と、なんぼでも出してくれました。

純瓶　それで、ほろ酔い気分になって、一網打尽にされたとか？

彦兵衛　んな、あほな。

本町橋はガタロの本場

本題に戻りますと至って頼りない男が、考え出したのが、

大阪行幸記念空中写真帖「本町橋と府立商品陳列所」
（大阪市立図書館デジタルアーカイブより）

動物園にもいない珍しい生き物を捕まえて見世物にするという商売。何を捕まえるのか？　聞くと「ガタロ」だと答えます。

大阪では河童の事を「ガタロ」と言い、「河太郎」という字を当てます。本町橋辺りが、ガタロの本場やと張り切りますが。

純瓶　本町橋は、ガタロの本場と言うてます。

彦兵衛　そのようですな。

純瓶　ホンマですかいな。

彦兵衛　本町橋は東横堀川に架かっているのですが、その南側に「本町の曲がり」という蛇行した部分があります。昔は、もっと水流があって、その辺りで渦巻いていたらしいです。

純瓶　渦の中にガタロがおったんで？

彦兵衛　その辺りで身投げが相次いで、河童に引き込まれたという伝説になったそうですよ。

東横堀川は豊臣秀吉が大坂城を築城するときの外堀として開削したので、自然の河川のように蛇行したのではなく、最初から曲げて掘られました。

ただ、その理由ははっきりしていなくて、防衛上見通しが利くように曲げたとか、西側に浄国寺というお寺があって、住職が「境内を削らないで」と秀吉に懇願したから、とか諸説あります。また、江戸時代に大火があり、復興の際、川のそばに遊郭が設けられましたが、身投げしたのは、そこの遊女だったとも言われます。

本町橋の南にぐにゃりと曲がった箇所がある

本町橋界隈

現在の本町橋は、大正二年（一九一三）に架けられた、大阪市内の現役の橋としては、最も古い橋です。ルネサンス風の石造りの橋脚など、「大正ロマン」の雰囲気を醸し出しています。

東詰北側には大阪商工会議所や、シティプラザホテル大阪などがあります。この一角が大阪西町奉行所でした。元は、大坂城の北西角に東町奉行所と並んで建っていましたが、享保九年（一七二四）の大火で両方とも被災してしまい、リスク分散のために、西町奉行所はこの場所に移転したのです。

明治維新の後は、初代の大阪府庁舎として活用されました。

本町橋の南側の「本町の曲り」の西岸には「曲り渕地蔵尊」というお地蔵さんがお祀りしてあります。前述の浄国寺の境内にあったものとも、身投げをした人の霊を慰めるために建立されたとも言われます。

周囲をしっかりフェンスで囲み、入り口は施錠してあります。この辺り、両岸には古い料理屋風のお店が軒を連ね

曲り渕地蔵

お地蔵様を守る？ フェンス

ています。

かつて遊郭だったころの「残像」かもしれません。

純瓶　説明板もフェンスの中にあって、読みにくいですね。

彦兵衛　地元の人の「みんなで守ろう」という札が貼ってありますが。守り過ぎなような気もします。

本町橋は古戦場

江戸は八百八町、大阪は八百八橋てなことを申します。

農人橋

実際には年代によって変わりますが、おおむね百三十の橋が架かっていました。で、そのほとんどの橋が、町人の手によって架けられ、また、管理されておりました。公儀、つまり幕府が管理する橋を公儀橋と申しますが、これがわずかに十二橋でして、本町橋はその一つ。東堀川はお城の外堀に当たり、軍事拠点ですから、北から、高麗橋、本町橋、農人橋と公儀橋が並びます。

南に下って、長堀に架かった長堀橋、道頓堀に架かった日本橋、北側は、大川の浪花三大橋の難波橋、天神橋、天満橋、旧大和川（現在の寝屋川）の京橋、備前島橋、東側の鳴野橋、野田橋の計十二橋が、ぐるりと城の周りに架けられています。

本町橋の南の農人橋は古くから農民が田畑に通うのに使った橋やから、その名が付いたと言います。城下と言うても昔は田畑が広がっていたのです。

大坂冬の陣では、本町橋辺りが戦場です。慶長十九年（一六一四）十二月十六日、豊臣方の大野治房麾下の塙《ばん》団衛門が、籠城するだけでは戦功を立てられないと、本町橋を挟んで対峙する蜂須賀勢に夜襲を掛けます。蜂須賀勢はこのとき、約二十人討たれましたが、後方の本隊からの援軍が到着して、塙団衛門らが退却します。

この後、講和に向かいますので、冬の陣では最後の戦闘となりました。

商売根問いの舞台
本町橋～曲淵地蔵を散策

全国にある河童伝説

大阪で河童の事をガタロと呼ぶと申しましたが、川の中にいて、時に人をだまし、時に人を水の中に引き込む妖怪は、全国に分布しております。現在は「カッパ」の名前で、ほぼ統一的に理解されておりますが、各地に様々な呼び名で出没しています。猿のような姿の猿猴《えんこう》、大蛇を表す蛟《みずち》やそれが訛ったメドチ、カワウソという地域もあって、これは実在する動物です。水虎、兵主部《ひょうすべ》などの名前もあります。

百鬼夜行の妖怪画を好んで描いた鳥山石燕の『百鬼夜行図画』には、河童の仲間と思われる妖怪がたくさん登場しています。

また、落語『代書屋』にも登場する「ガタロ」は、河川に埋没する廃品を回収して生計を立てていた、昔のリサイクル業者のことです。

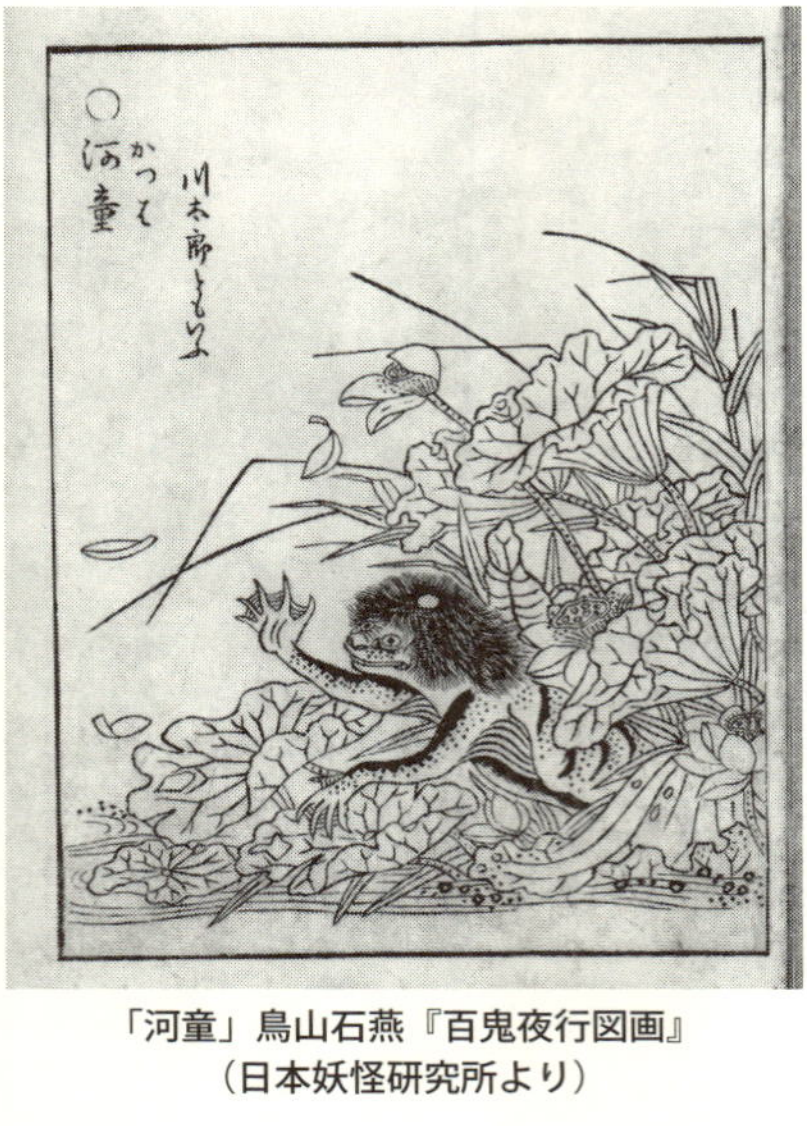

「河童」鳥山石燕『百鬼夜行図画』
（日本妖怪研究所より）

鴻池の犬

鴻池家菩提寺・顕孝庵

今橋に本宅がありました

船場の商家に育てられた捨て犬が、ふとしたことから迷い犬となり、他の犬にいじめられているところを豪商、鴻池家に育てられた親分犬、クロに救われます。実はこの犬が、ともに捨てられていて同家にもらわれた兄だとわかり……という人情噺仕立ての噺が『鴻池の犬』です。

彦兵衛 落語の世界でも、鴻池はんと言うと、大富豪として登場します。

純瓶 それでも、ご本人は噺には出てきませんね。

彦兵衛 『三十石』では、伏見の船宿で鴻池善右衛門を名乗って主を困らせるてんごう（冗談）をする人が出てきますが。

純瓶 そうそう。今橋二丁目と住所まで言うてますね。

彦兵衛 その場所に、ほんまに御本宅があったんですわ。

東横堀の公儀橋、高麗橋の一つ北に今橋が掛かっています。「今、新しく架かった」から今橋と言うのですが、それも大坂の陣の慶長十九年（一六一四）にはあったようです。

ここから西に今橋通が西横堀川まで続きます。その二丁目に鴻池家の本邸がありました。間口三十六間、奥行二十間、表屋造りの巨大な町家建築だったそうです（『厄拂い』39ページ参照）。

昭和二十二年（一九四七）に大阪美術倶楽部に売却され、戦災を逃れた豪邸も順次ビルに改築されて平成十九年（二〇〇七）には、すべて取り壊されてしまいました。旧宅の表長屋門が奈良市内に移築され、カフェとして活用さ

カフェに転用されている旧鴻池家の表門（奈良市）

れています。

発祥の地は伊丹

鴻池家の先祖は、戦国武将の山中鹿之助にまでさかのぼります。山陰地方に一大勢力を誇り、毛利氏とも覇を競った尼子氏の重臣の家系で、主家の滅亡に際し、再興に奔走します。

主家再興のために苦難を厭わず、神に「我に七難与え給え」と祈ったとされる逸話は忠臣の美談として伝えられました。鴻池家の始祖となる新六幸元は、その山中鹿之助の長男で、幼時に摂津の国伊丹の大叔父に育てられました。

純瓶　そんなとこに、親戚がおったんですね？

彦兵衛　なんでも、荒木村重の家臣になっていたけれど、贅沢を諫めたのに聞き入れられず、村重の元を辞去して農業を営んでいたそうです。村重は後に織田信長に滅ぼされます。

純瓶　ほぉ。そこで、大金持ちになりはったんですか。

彦兵衛　最初は貧しかったそうですが、酒造業を始めたことが、事業家としてのはじめやそうです。

鴻池家の発祥の地（伊丹市鴻池）

　摂津・伊丹は古来酒造の盛んな土地で、新六も鴻池村で、酒造業を始めます。このときに現代に通じる「清酒」の製法を開発しました。当時は、白濁した「どぶろく」を布で漉したものが「澄み酒」でしたが、あるとき、主人に恨みを含んだ奉公人が醸造中の酒樽に灰を放り込んで逐電してしまいますが、このとき、思いがけず濁りのない「清酒」ができたという逸話が伝わっています。

　関ケ原の戦いのあった慶長五年（一六〇〇）頃とされ、徳川家康によって幕府が開かれた江戸に清酒を送って人気を博し、さらにその酒を輸送する海運業へと事業展開して財をなしていきます。

鴻池新田会所（東大阪市）

　当時の決済通貨は江戸が金、大阪は銀でしたので、支払いには金と銀の交換する為替が必要でしたから、やがて両替商を営むようになり、それが本業となりました。その系譜は明治以降の鴻池銀行、三和銀行、三菱ＵＦＪファイナンシャルグループへと続いていくことになります。

伊丹市の鴻池には「清酒発祥の地の碑」や、鴻池家の屋敷の中に「鴻池稲荷」があったことを記した碑が立っています。鴻池家の由緒や清酒の製法開発の歴史を記してあります。亀形の台石「亀趺《きふ》」の上に立ち、中国古代貨幣「布《ふ》貨《か》」の形をしています。『摂津名所図会』には伊丹の酒造の場面があり、井原西鶴の『日本永代蔵』にも記述が見えます。酒所は、後に海上輸送に便利な灘五郷へと移ってしまいます。

大勢の人の食事を賄った竈（へっつい）さん

新田開発も手がけました

大坂の豪商の特徴として、大規模な新田開発や河川への架橋などの土木工事を独力で行い、インフラ整備を進めていくことがあります。現在の東大阪市にある鴻池新田もそんな開発の一つです。JR学研都市線に鴻池新田という駅がありますが、その近くにある「鴻池新田会所」は、江戸時代に豪商鴻池家が開発した新田の管理・運営を行った施設です。

江戸時代中期、宝永元年（一七〇四）に大阪平野の東を生駒山に沿って北上、大川に合流していた大和川を現在のように堺方面に川筋を付け替え、大阪湾に注ぐ治水事業が行われました。付替の後、流れがとだえた旧大和川の川筋、玉串川、久宝寺川（長瀬川）の河床や堤防を中心に百五十八ヘクタールの新田が造成されました。

純瓶　鴻池新田会所はずいぶん立派な建物ですね。

彦兵衛　鴻池家から派遣された支配人が、新田の管理や運営など広範囲な役目を果たしていたようです。

純瓶　お白州もあるんですね。

彦兵衛　もめ事を裁く、独立した裁判権も持っていました。

純瓶　裏門の脇に船が置いてあります。

彦兵衛　裏門には船着き場がありました。一帯は低湿地でしたし、重い米俵の運搬には水運が便利でしたから、周囲には堀がめぐらせてあったんです。

鴻池家の菩提寺「顕孝庵」

会所では支配人の管理下で、小作農民からの小作料、肥料代の徴収、幕府への年貢上納、耕地、家屋の管理・補修、宗門改帳の作成・整理、老人への米の配給、幕府や鴻池家からの指示伝達、新田内での争いの裁定をしました。

現在は幕末の嘉永六年（一八五三）頃の状態に復元修理されています。米蔵や道具蔵が立ち並び、広い台所には竈（へっつい）がたくさんあり、大勢の人たちの食事をまかなっていた様子が窺えます。

一族のお墓がずらり

鴻池家の菩提寺

大阪の中寺、高津宮の裏手辺りに「顕孝庵」という曹洞宗のお寺があります。元は玉泉寺といっていたのですが、廃寺となっていたのを寛文元年（一六六一）に鴻池家が一族の菩提寺として復興したそうです。
お寺の扉は閉まっていますが、鍵は掛かっていなくて、一般の人もお詣りはできます。境内の奥に進むと歴代の鴻池善右衛門さんとその一族のお墓が並んでいて壮観です。

純瓶　歴代と言いますと。

彦兵衛　善右衛門は、鴻池家の当主が代々襲名する名前です。当代はまだ襲名してないそうですが、平成二十五年（二〇一三）に亡くなった十四代目まで連綿と続いています。

純瓶　当代も襲名されるのでしょうか。

彦兵衛　鴻池新田に、鴻池家の資産を管理している鴻池合資会社という会社があって、そちらで聞いたのですが、まだ決めていないとのことでした。

墓所に立ち並んでいる墓石や、石碑を見て歩くと「愛犬梅都碑」というのが見つかります。また、墓碑の中に戒名が「梅都」となっているものもあります。これは、元々は並んでいたそうで、まさに『鴻池の犬』のお墓です。さらに探すと愛鳥の碑もあります。大阪一のお大尽ならではの「趣向」ということでしょうか。

ということで、本日はこれまで。

鴻池の犬の舞台
鴻池家菩提寺・顕孝庵

鶴満寺

鶴満寺

浪花百景「覚満寺之夕景」歌川芳雪画（大阪市立図書館デジタルアーカイブより）

枝垂れ桜の名所

鶴満寺というのは、都島区に実在するお寺で、かつては枝垂《しだ》れ桜の名所だったと言いますが、明治十八年（一八八五）の水害で被害を受けて、桜も枯れてしまったそうです。この噺はその鶴満寺に桜見物に行くのですから、江戸時代から明治のはじめ頃のお噂ということになりましょうか。

純瓶　大川端と言うても、当時の町中からはだいぶ遠いようですね。

彦兵衛 江戸時代半ばに北端で堀止めになって天満堀川を大川とつないだのですが、その流路に妙見さんを勧請したり、桜を植えたりして整備したので、名所見物のルートになっていたのでしょう。

鶴満寺の外観

八角形の観音堂に百体の観音像をお祀りしている

純瓶　堀川も現在は、埋め立てられて高速道路ですわ。

彦兵衛　ちょうどその阪神高速守口線の高架の下がルートでした。

さて、鶴満寺ですが、江戸時代の観光案内書『摂津名所図会』にもその由緒が書いてあります。もと河内にあった寺を復興、忍鎧《にんがい》上人という名僧を住職に招いて中興開山としたと伝えられています。宝暦三年（一七五三）に大阪の富豪が建立したそうです。

大阪市の文化財紹介のサイトには「釣鐘は太平十年（中国年号一〇三〇年）在銘の朝鮮銅鐘である。高麗時代初期の名品で重要文化財の指定を受けている。日本に渡来の経緯は不明であるが、毛利藩の土木工事中に山口県で発見され、鶴満寺に寄進された。このほか当寺には、鎌倉時代末の作という千手観音画像がある（大阪府有形文化財）」と説明されています。

浪花百景「堀川備前陣屋」歌川芳雪
（大阪市立図書館デジタルアーカイブより）

浪花百景「北妙けん堤」歌川芳雪
（大阪市立図書館デジタルアーカイブより）

純瓶　お堂なども立派なお寺ですね。

彦兵衛　鐘楼の南側に八角形の観音堂があって、これは昭和八年（一九三三）に建てられて、戦禍を免れたそうです。

純瓶　観音さんをお祀りで。

彦兵衛　西国三十三所、秩父三十四箇所、坂東三十三箇所の各霊場の観音像、合計百体の観音像をお祀りしていて、百体観音として知られている……そうですわ。

純瓶　そら、知らんかった。

彦兵衛　よそから移転して復興したお寺ですから、檀家も多くなく、お寺の財政基盤を支えるために、名所として工夫したんやそうです。

阪神高速がアンダーパスになるあたりに「堀川備前陣屋」があった

純瓶　観光寺院のはしりですな。

噺の方は、鶴満寺の住職が代替わりして、前年までは花見客を受け入れていたのに、風流をわかる人しか入れたらあかんという方針になって、酒盛りを計画していた一行が途方に暮れてしまうというストーリーです。

そこを寺男に「鼻薬」を効かせて入れてもらうのですが……。実際にそんないけずなおじゅっさんが居てはったかどうかわかりません。

狂言に『花折』という演目があって、和尚さんが留守にするから、その間に花見客を入れてはならぬというのを、若い僧が境内に入れてしまいます。呑めや歌えの大騒ぎの末にお土産に花の枝を折って持ち帰らせるという内容で、落語の元になっているようです。

妙見堤から樋の口へ

堀川が北に堀止めになっていた頃は、塵芥が溜まって堀端に積み上げられた所が「ごもく山」と呼ばれていた場所やったそうです。天保九年（一八三八）に大川とつなぐ水

北妙見堂

路が開削されて水もきれいになり、曲り口には備前藩の陣屋がありました。幕末に外国船に備えるための兵を駐屯させる屋敷でした。

錦絵の「浪花百景」には、蔵屋敷に舟を引き入れる「舟入門」と、それをまたぐ舟入橋が描かれています。現在は、阪神高速がアンダーパスになっているところで、道路上に架かる橋からの風景になんとなく、その面影が残っております。

純瓶　あ、扇町公園の辺りですね。

彦兵衛　はい、そうです。

純瓶　あの辺りは、堀川監獄があったんとちゃいますか。

彦兵衛　ピンポーン！　扇町公園の四角い敷地がそのまま監獄でしたが、その前は備前藩邸だったんですね。

純瓶　世の移ろいですねぇ。落語の方では『へっつい盗人』という噺の中に、泥棒が見つかったら行く「天満のおっさんとこ」として登場しますが……。

彦兵衛　蔵屋敷などは敷地が広いので、明治維新の後に政府に接収されて、いろいろと公共施設になってます。

備前陣屋から東にもとは「女夫《めおと》池」という池がありました。池を埋め立てて、堤を整備したのですが、その埋め立て地に能勢候が屋敷を構え、邸内に妙見菩薩を勧請し、妙見堂を建立されました。

午の日の縁日には、お詣りの人が列をなしたそうで、それを目当てに夜店も出てにぎわったそうです。堤には、桜並木も植えられて花見でもにぎわいました。そこで、この堤を妙見堤と呼ぶようになりました。今も日蓮宗身延山の

大阪上水道発祥の地

正善寺にお祀りしています。

ちなみに能勢の妙見さんが一般の人でも参詣できるようになったのは、明治になってからやそうでして、大坂の人が「妙見さん」と言うときは、こっちの方が、身近やったと言います。

純瓶　堀川が大川とつながる辺りは、源八の渡しがあったところですね。落語の『桜の宮』で出てきます。

彦兵衛　そうです。合流地点は天満樋の口です。源八辺りも桜の名所でした。

純瓶　大阪の北のはずれの大川端は桜の花盛りやったんですね。

彦兵衛　町中からは少し遠い感じですが、歩いてきたり、船できたり、そういう遊山をする場所だったのでしょう。

淀川の水

江戸時代、大坂の町場の井戸は水質が悪くまずかったそうで、淀川の水を汲み上げて売りに来ていました。水桶を載せた水船で取水し、受け持ちの区域まで運んで各戸の水壺に配達しました。

純瓶　あ、落語の『壺算』で買いに行く水壺はこれですね。

彦兵衛　はい。でも、明治時代になると、開港の影響で海外からコレラなどの伝染病が次々流行して、上水道の整備が急務となりました。

純瓶　それまでは、大丈夫やったんですかねぇ。

彦兵衛　文明開化で、船や鉄道などで人が大量に高速に動くようになり、爆発的に感染するようになったようですね。

鶴満寺の東にある都島橋を渡った左岸のほとりに、「大阪市水道発祥の地」の碑があります。

その前に煉瓦造りの取水口の一部が残されています。明治三十年（一八九七）に水道が完成すると、それまで千五百人も出ていたこれら患者数が百人足らずに激減したという記録があります。

水源地は後に上流の柴島に移転、現在の柴島浄水場となっています。

鶴満寺の舞台
　鶴満寺を散策

夫婦池の伝説

女夫池には、夫婦の悲劇の伝説があります。

「三年待って帰ってこなかったら死んだと思ってくれ」と家を出て三年経っても帰らぬ夫を待つ妻が入水して死んでしまいます。事情があって帰れず、ようやく帰ってきた夫が、妻の死を知り、その後を追って池に飛び込んで死ぬという物語です。

上田秋成の『雨月物語』にある「浅茅が宿」は、舞台は「下房の国」（現在の千葉県）に移していますが、よく似たストーリーで、天満出身の秋成がこの伝説を原話にしたのではないかという見方もあります。また、近松門左衛門も『津国女夫池』という戯曲の下敷きにこの物語を取り入れているそうです。

天神橋筋商店街に夫婦橋という橋の欄干が復元されているのは、堀川に掛かっていた橋をかたどっています。また、高架下に「夫婦橋地蔵」が祀られています。

夫婦橋地蔵

代書屋

東成区役所・四代目米團治の代書屋跡

昭和初期の噺

字の書けない人のために、書類を作成するお仕事のお話です。現在では行政書士に当たる仕事ですが、結納など、きれいな字で書いてほしいというような、今の「筆耕《ひっこう》」というお仕事もしていたようです。

彦兵衛　古典のような感じですが、昭和初期の作ですね。
純瓶　はい、先代の桂米團治という、米朝師匠の師匠という大師匠が作らはったんです。
彦兵衛　ご自身が代書屋さんやったそうで。
純瓶　そのようですね。実体験を落語にしたと言います。
彦兵衛　細部に、リアリティを感じるのはそのためでしょうね。

四代目桂米團治師は、現在の大阪市東成区役所の辺りで、実際に代書屋さんをやっていました。落語家でもあったのですが、五代目の笑福亭松鶴師らと雑誌『上方はなし』を発行していて、その資金を捻出するのに、自宅を事務所にして仕事をしてはったんです。

代書屋を演じる純瓶さん「一行抹消！」

東成区役所の前に、米團治師の代書屋があった場所を示す石碑があります。落語に出てくる「儲かった日も　代書屋の　同じ顔」という川柳は、米團治師の作やそうです。

現在のやり方では、履歴書の代書を頼みに来たお客さんと、代書屋さんとのやり取りだけで終わってしまいますが、オリジナル版では、この後に、中気（脳卒中）で手が不自由になり結納の受け取りを依頼する書家のご隠居、渡航証明の作成をしてほしいという朝鮮半島出身の人、先ほどのご隠居の家の女子衆と、入れ代わり立ち代わりやってきては、代書屋さんを困らせます。

四代目桂米團治が代書事務所を開いていた場所の顕彰碑

純瓶　とても長くなりますし、朝鮮半島出身の人が出てくる部分は、今はちょっとやりにくいようになっています。

彦兵衛　でも、現在の在日コリアンの中には、落語の中で唯一在日コリアンが登場するネタやと、懐かしがる方もいらっしゃいますよ。

純瓶　ただ、時代背景とか説明しないと意味がわからなくなってます。

彦兵衛　そうですね。

昭和十四年（一九三九）頃の作やそうで、渡航証明は、当時、朝鮮半島から日本に仕事のためにやってくるのに必要でした。実は、四代目米團治師の二階に済州島出身の人が居候していて、この人がモデルやったそうです。

また、当時の東成区は、現在生野区になっている所も含んだ広い地域でしたから、区内に今は「コリアタウン」と

平野川などの治水工事に朝鮮半島から労働者が集められた

呼ばれている「猪飼野地区」がありました。平野川の河川改修のために朝鮮半島、特に済州島から集められた労働者がたくさん住んでいて、その人たちを頼って、大阪の紡績工場の女工としての就職を目指す女性も渡航してきていたんですね。そうした時代背景がリアルに描かれている落語です。

日本書紀にも出てくる「いかいの」

現在の猪飼野地区に住んでいるお年寄りに聞きますと、「平野川には、胸までのゴム長を履いて鉄くずを回収している人もあった」と落語に出てくる「ガタロ」の姿を鮮明に記憶している人もいます。

こうした職業は、当時はあちこちで見られたのでしょうが、四代目米團治師が、実生活の中で目の当たりにしていた風景だったこともわかります。

コリアタウンは多文化共生の町として賑わう

彦兵衛　実は、猪飼野という地名は、日本書紀にも出てくる由緒のある地名なんですよ。

純瓶　そんなに古いのですか。

彦兵衛　鶴橋というところがあるで

日本ではじめて架けられた「つるのはし」の跡

しょ？

純瓶　焼肉がおいしい。

彦兵衛　そうそう。あの鶴橋というのは、日本ではじめて橋というものが架けられた鶴の橋にちなんでいるんです。

純瓶　それはいつ頃のことです？

彦兵衛　仁徳天皇十四年のことやそうです。

純瓶　そこまでさかのぼりますか。そら古い！

『日本書紀』仁徳天皇十四年の条に「猪甘津に橋為す。即ち其の処を号けて、小橋と曰ふ」とあります。これが日本史上はじめて「橋」というものを架けた記録やそうです。記紀の勘定の仕方やと西暦で三二七年頃となりますが、暦を二回りくらいサバ読んでますから、だいたい五世紀の半ば頃になります。

当時、大阪湾は、現在の上町台地の東側にぐるっと回り込んでいて大きな湖のような入り江になっておりました。そこは大陸からとの貿易港でした。移住者が住んで、猪、つまり豚を飼っていたんですね。それで「甘い猪の津」という地名だったのでございます。橋を架けるという土木技術も大陸に学んだものということでしょう。

つまり、当時の国際交流の拠点だったと言えるのです。

純瓶　小橋がなんで鶴橋なんですか？

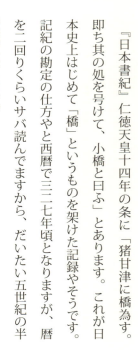

暗越奈良街道を示す道標

彦兵衛　鶴がたくさん来たんやそうで。

純瓶　ほんまですか？

彦兵衛　さぁ。猪飼の津の「津の橋」が訛ったという説もあるそうです。

純瓶　また見てきたように……。

彦兵衛　いや、旧平野川に大正時代までほんまに「つるのはし」が架かっていて、現在はその記念碑が桃谷駅の東にありますねん。

ＪＲ環状線の桃谷駅を降りて、東に延びる商店街を抜けてちょっと路地裏に「つるのはし跡」の碑があります。江戸時代には板橋、明治になって石橋になったそうですが、大正になって新平野川が開削されたのに伴い、旧川筋は埋め立てられ、昭和十五年（一九四〇）、橋も廃止になりました。

碑は戦後の昭和二十七年（一九五二）に地域の人たちによって建てられ、当時の親柱四本も、ともに保存されています。

また、日本に漢字を伝えた百済からの渡来人、王仁博士が仁徳天皇の即位を寿いで詠んだ「難波津に咲くやこの花冬籠り　今を春べと咲くやこの花」を漢字かな交じり、万葉仮名、ハングルの三種類の文字で刻んだ歌碑がコリアタウンにある御幸森天神宮にあります。

ハングルは、江戸時代の朝鮮通信使のために対馬藩の通訳が贈ったもので、日本と朝鮮半島の長い友好の歴史の象徴にと、平成二十一年（二〇〇九）に建立されたものです。

二軒茶屋の碑

暗越奈良街道が通る歴史の交差点

東成区役所からちょっと北に、旧暗越奈良街道が通っています。平城京と難波の宮をまっすぐ結ぶ奈良時代からの官道で生駒山の暗峠を越える道なので、この名前があります。

〽**大坂離れてはや玉造　笠を飼うなら深江が名所**

と伊勢音頭に歌われた、落語では『東の旅発端』にあたる場所で、現在も転々と道標や燈籠などが見られます。西に行きますと玉造の二軒茶屋、東に行きますと深江の菅笠の産地でございまして、古代から落語の世界にも通じる、歴史の交差点という感慨を抱かせる場所になっております。

代書屋の舞台
東成区役所・四代目米團治の代書屋跡を散策

稲荷俥

高津宮～産湯稲荷

滑稽浪花名所「うぶゆ」歌川芳梅画（大阪市立図書館デジタルアーカイブより）

産湯まで

「高津宮から産湯《うぶゆ》まで乗せてほしい」というお客さんを断ろうとする俥屋さんの噺です。現在の大阪市天王寺区小橋に産湯稲荷という神社がありますが、高津さんからだと東へ約一・三キロほどの道のり。上町台地をゆるやかに上る感じです。

彦兵衛　この噺は人力車が出てくるので、明治以降の作です。

純瓶　現在はマンションも立ち並ぶ住宅地ですね。

明治大阪写真集「産湯神社」
（大阪市立図書館デジタルアーカイブより）

高津宮の鳥居前

彦兵衛　明治時代の写真は、なんとなく荒涼とした境内が映っています。

純瓶　なるほど。これは狐が出るかもしれん感じですね。

産湯味原池

「産湯」という地名は、比《ひ》売《め》許《こ》曽《そ》神社の旧境内地で、大小橋命《おほおばせのみこと》が産湯を使った井戸が

境内に産湯清水がある

現在の産湯稲荷

あるとされることに由来します。比売許曽神社は現在は、鶴橋駅の東側に社殿がありますが、産湯稲荷のあるところが本来の場所とされます。

大小橋命は、藤原鎌足の先祖に当たるそうですが、藤原家の氏神様となった春日大社とは、ずいぶん扱いが違うようにも思えます。

純瓶　今は住宅地の児童公園の隣にありますが、昔は名所だったようですね。

彦兵衛　鳥居の横に「桃山跡」という碑があります。昔は味原池という大きな池があって桃の名所だったそうです。

純瓶　狐が出るような寂しいところやなかったんですね。

『摂津名所図会』には東成郡を記述した第三巻に「姫古曽神社」「産湯清水」などが描かれています。

「味原池」は古地図で産湯稲荷の北側に描かれている大

産湯味原池（浪花百景）
（大阪市立図書館デジタルアーカイブより）

真田信繁（幸村）が徳川勢を
翻弄した「緒戦戦勝利之碑」

きな池です。古地図を見ると、町並みをはずれて田園地帯になっています。天王寺区史によると池は二町七反五畝(約二・七ヘクタール）とかなり大きな池やったのですが大正七年（一九一八）に埋め立てられて住宅地になりました。

幕末の錦絵「浪花百景」の歌川芳雪画「産湯味原池」では、桃の花盛りの風景が描かれています。味原池の堤の上では花見、摘み草、夕涼み、月見と四季折々に賑わい、茶屋や料理屋も出ていたと言います。

「産湯清水」として、大坂六名泉の一つとされた井戸やったそうで、「甘味」だったと伝えられます。

産湯稲荷の境内には今も井戸がありますが、残念ながら水質が悪化して「飲料には適しません」と張り紙があります。井戸の水をくみ上げて行をする人はあるようで、井戸の傍らに行場があります。

一方、一鶯斎芳梅という絵師の描いた「滑稽浪花名所」というやはり幕末の錦絵には、「うぶゆ」という作品があって、狐に化かされた男が行列の先頭を踊りながら歩いています。夜は、そういう場所やったのかもしれません。

真田幸村緒戦勝利の地

江戸時代、「梅屋敷」という梅の名所があったそうです。文化年間（一八〇四〜一八一八）に江戸の亀戸の梅屋敷を模して作られ、四天王寺への参詣の道すがら、梅の香を楽しんだと言います。「生玉の馬場辺り」とされ、生國魂神社正面の参道で流鏑馬の神事が行われた記録がありますか

産湯稲荷のあたりはかつて桃の名所だったこと示す「桃山跡」の碑

ら、現在の生玉商店街の辺りでしょう。

　ちなみに明治末には、山口銀行主の山口吉郎右衛門氏の本邸となり、大正期にはその存在が忘れられてしまいました。

純瓶　上本町と言うと、近鉄百貨店とかハイハイタウンとかがあります。

彦兵衛　そうです、そうです。生國魂神社馬場という記録もあります。

純瓶　ハイハイタウンの北側に「真田幸村緒戦勝利之碑」がありますね。

彦兵衛　ＮＨＫの大河ドラマになって、真田丸が注目されたんで、そういう石碑があちこちに増えました。

純瓶　雨後の筍ならぬ、大河の後のいしぶみですね。

　大坂城は、東は大和川、北は淀川（大川）、西は大阪湾に囲まれ防御しやすい立地ですが、上町台地は南に開かれていました。

東軍は生駒山の東麓を一度南進して河内経由で北上するルートで攻めていました。慶長十九年（一六一四）の冬の陣では、家康は茶臼山、秀忠は当時岡山と呼ばれた御勝山に陣を布いて城を包囲しました。

同年十二月四日未明、真田幸村の挑発に乗った越前、松平忠直と彦根、井伊直孝が突出して真田丸の空堀で大被害を出してしまいます。冬の陣では戦闘らしい戦闘は、真田丸でしか行われなかったので、実質的には大坂方が勝ったと言われています。

その後、家康が大坂城を大砲で狙って命中。おびえた淀殿が和議を受け入れたので、外堀や櫓を破却されて夏の陣の破滅に向かってしまいます。

講談の『難波戦記』では、ここを「大助初陣」として、幸村（信繁）の長男、大輔が真田丸から押し出して濃霧を味方に徳川方を翻弄する物語に仕立てています。

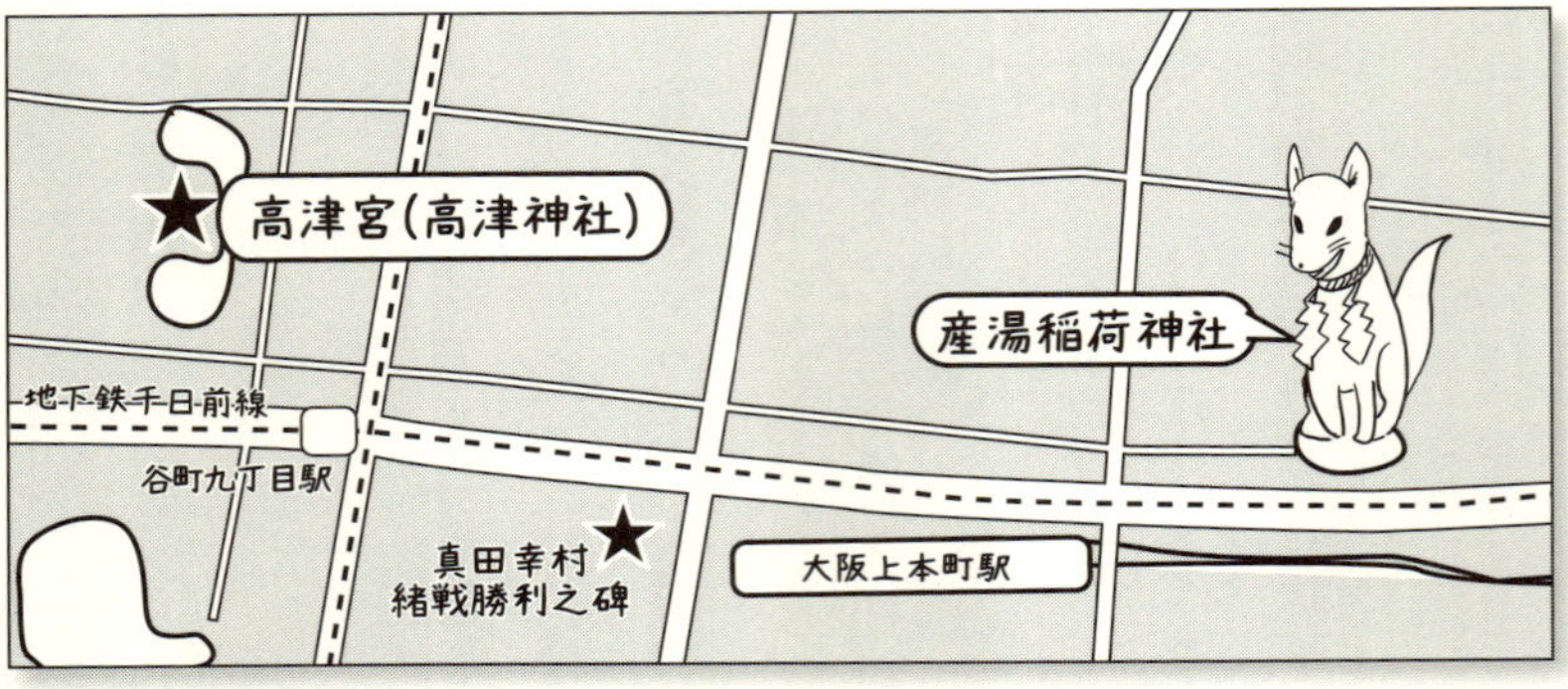

稲荷俥の舞台
高津宮〜産湯稲荷を散策

梅川忠兵衛の墓

ちょっと寄り道をすると、東高津公園の北西角の交差点に「開運地蔵尊」が居てはります。傳光寺というお寺があったのですが、戦災で焼けてしまいまして、お地蔵さんだけが残ったのです。その傍らにお墓が二つ並んでいて「梅忠ノ碑」と記した石碑があります。

梅忠と言えば、近松門左衛門の戯曲『冥途の飛脚』のモデルとなった梅川忠兵衛の事でしょう。飛脚の忠兵衛が、新町の遊女、梅川に通いつめ見受けのために公金に手を付けてしまうというストーリーで、忠兵衛の故郷の奈良、新ノ口村まで逃げて潜んでいたところを見つけられて御用となるのですが、その二人の墓です。右が忠兵衛の墓で「妙法頓覚利達」、左が梅川の墓で「梅室妙覚信女」と戒名が刻んであります。

大阪市内には、四十八地蔵巡りという信仰があったんやそうで、傳光寺さんもその一つでした。開運地蔵はそのお地蔵さんと思われます。

「冥途の飛脚」の主人公、梅川と忠兵衛の墓

鹿政談

奈良女子大〜三作石子詰め跡・十三鐘

実在の奉行が名裁き

数少ない奈良を舞台にした落語。春日大社の神様の遣いとして大切にされていた鹿を誤って殺してしまった豆腐屋六兵衛さんを、お奉行様の機転で救うという人情噺仕立ての噺です。

彦兵衛　実在する幕末の奈良奉行、川路左衛門尉聖謨《としあきら》が裁きますね。

純瓶　演者によって、曲淵甲斐守や根岸肥前守が登場するやり方もあります。

彦兵衛　根岸肥前というと、あの『耳嚢《みみぶくろ》』を書いた？

純瓶　いえ、その曾孫に当たる人が幕末に奈良奉行をやってます。

彦兵衛　なんとなく、それらしい人が登場するんですね。

奈良奉行所は奈良女子大学の辺りにあった

奈良奉行所の跡に奈良女子大

奈良奉行は、幕府の遠国奉行の一つで、大和の国の幕府直轄領の統治と寺社の監督を職務としました。現在の国立大学法人奈良女子大学のある辺りにあったそうで、周囲を堀で囲った城郭のような建物やったそうです。明治四十一年（一九〇八）に奉行所跡に奈良女子高等師範学校が開設され、奈良女子大学へと引き継がれています。

純瓶　奈良女子大。正門からきれいな学舎が見えますな。

彦兵衛　元の本館。事務室と講堂があった建物で、現在は記念館となり重要文化財に指定されています。

国の重要文化財に指定されている奈良女子大学記念館

純瓶　普段は入れませんね。

彦兵衛　二階に創立当初のピアノがあります。

純瓶　正門から見えますか?

彦兵衛　見えやしまへんがな。毎年、春と秋に一般公開されています。そうそう正門の横の守衛室も重要文化財です。

観光行政の元祖

川路聖謨は幕末の弘化三年（一八四六）から五年間在任し、奈良の御陵の調査、荒廃していた南都の復興などを手掛けました。

桜や楓を植えて景観の美化を進めた川路聖謨を顕彰する「植桜楓之碑」

　彼は奈良奉行の後、大坂町奉行もやってはるんですが、さらにロシアの艦隊を率いて開国要求にやってきたプチャーチンとの交渉にあたり、日露和親条約の調印にこぎつけた人として知られます。

その後、江戸城開城に際し、脳卒中で体が不自由だった川路は、ピストルで自決、幕府に殉じています。

純瓶　鹿を死なせた人を助けてはりますね。

彦兵衛　そうそう、角切の儀式の際に誤って暴れる鹿を殺してしまった若者がいたそうで、死罪のしきたり、とされているのを「そは、定めて戦国以前のことなるべし」と、時代に合わない掟だとして助けています。

純瓶　まさに、実録鹿政談ですね。私がお奉行さんを川路聖謨でやるのも、そんな実例があるからです。

奈良赴任当時、奈良は賭博が横行するなど治安の悪化が目立ち、「大成ものにて博打せぬは大仏。身がら（身分が高いこと）にて博打せぬは春日大明神だけ」と言われたほどで、在任中に、賭博取り締まりに注力しています。

一方で、荒廃していた南都の景観回復のために桜と楓の植栽を命じました。「人々がそれを愛でて集まれば、古都は栄える」と言い、「たとえ枯れても、人々が引き継いで植え替えて行けば末代までも皆が楽しめる」と提言しています。奈良観光行政の祖とも言える実績で、興福寺の南大門跡前に「植桜楓之碑」という石碑が立てられ、その事績を顕彰しています

奈良女子大学の北に佐保川が流れていて、ちょうど奈良奉行所を巡るお濠となっていたようです。その堤の途中に樹齢百五十年以上と推定される桜の古木があって、花見時分には見事な花を咲かせます。この桜を「川路桜」と呼んで、地元の人たちが大事に守ってはります。

興福寺

藤原鎌足の病気回復を祈願して夫人が天智八年（六六九）に釈迦三尊、四天王などの諸仏を安置するために山城の国に造営した山階寺《やましなでら》が起源と言います。

藤原京に移されて厩坂寺《うまやさかでら》となり、さらに平城遷都のとき

に、藤原不比等が現在の場所に移転させて「興福寺」となりました。藤原氏の氏寺として栄え、現在、奈良公園となっているのは、もともと興福寺の境内だった領域です。鎌倉、室町時代は領国を管理する守護は置かず、大和の国は興福寺がその任に当たりました。

明治になって、神道を重んじ仏教を排斥する「廃仏毀釈」によって荒廃し、一時、五重塔まで売りに出される事態になりました。

明治時代に廃仏毀釈で売りに出された国宝 興福寺五重塔

このとき、塔は燃やしてしまって、焼け残った金具類を集めて換金しようという案まで出たそうですが、「そんなことしたら周辺まで燃えてしまう」と反対の声が上がって中止になったそうです。

菩薩院大御堂通称十三鐘

純瓶　えー、燃やされてたら奈良の景色が変わってましたね。

彦兵衛　川路奉行が生きてたら怒ったでしょうね。

純瓶　当時は西洋文化ばっかり目がいって、日本の文化には冷たかったんですね。

彦兵衛　その文化のすばらしさをもう一度気づかせたのが、アメリカから来たお雇い外国人のアーネスト・フェノロサでした。

純瓶　外国の人に褒めてもらったら見直すっていうのは、今も変わってまへんなぁ。

鹿を殺めて石子詰にされた三作の供養塔

三作石子詰の跡・十三鐘

春日大社では、常陸の国鹿島神社の武甕槌命《たけみかづちのみこと》が鹿に乗っ

猿沢池の七不思議

てやってきたという伝承に基づき、鹿を神の遣いとして大切にしています。古来、鹿を殺めたものは死罪と定められていました。

　三条通を東へ、春日大社の一の鳥居のちょっと手前の坂の途中に「菩提院大御堂《ぼだいいんおおみどう》通称十三鐘　伝説三作石子詰之旧跡」があります。誤って鹿を殺めた十三歳の三作が石子詰にされた、その菩提を弔うために十三回鐘を撞いたところから名付けられたという伝説が残っています。

純瓶　深い穴を掘って、鹿の死骸を投げ入れ、その上に罪人を立たして石を詰め込んだというんですね。

彦兵衛　えげつない刑罰ですね。

純瓶　鹿の上に立たせるって、鹿を大事にしてるのか、してないのかわかりませんね。

彦兵衛　ほんまですわぁ。

奈良名物

噺の冒頭で、奈良の名物を「大仏に、鹿の巻筆、霰《あられ》酒、春日灯篭、町の早起き」と紹介するくだりがあります。

　大仏さんはそのまま、鹿の巻筆は春日大社の神鹿の毛を使った書道用の筆で、かつては春日大社の祝詞を書くのに使ったと言います。その後、祝い事を書く筆、婚礼用品などに使われる縁起物になっているそうです。春日燈籠は、春日大社の万燈籠ですな。

万葉集にも残る采女の悲恋を鎮める采女神社

　で、町の早起きは、「鹿

が門前に死んでたら、先に気づいた人が隣へ持って行くから」て、そんなあほな。でございます。奈良の人は、勤勉で、よう働きはるんでしょうな。

ただ、川路聖謨は、在任中に、「奈良の人はよぉ昼寝をする」と日記に書いてます。「江戸ではこんなことはない」と驚いておりますから、「早起き」の横手へ「ただし、昼寝をするなり」と但し書きをしておいてはどうかと思いますな。

奈良の名所で欠かせないのは、猿沢池。「澄まず濁らず、出ず入らず、蛙湧かず藻が生えず、魚七分に水三分」は、池の七不思議だそうです。龍の棲み処に続く「龍穴」ともされます。

畔にある「采女神社」は、万葉集にも残る悲恋の物語を宿す不思議のお社です。川面に五重塔が映り込んだ写真は絵葉書の絶好の構図になっております。

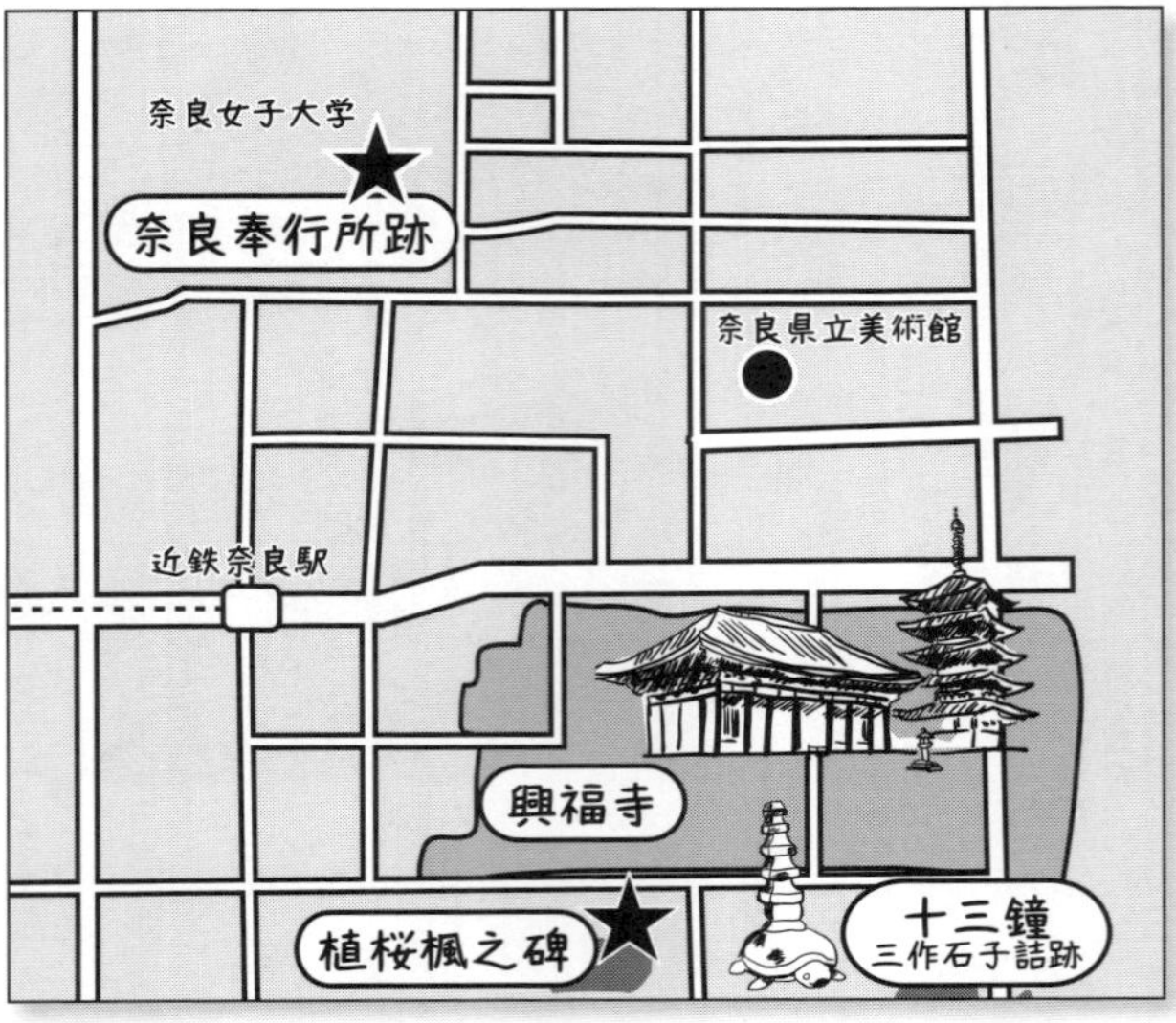

鹿政談の舞台
　奈良女子大〜三作石子詰め跡・十三鐘を散策

愛宕山

愛宕山登り

火除けの総本山

「伊勢は七度、熊野にゃ三度、愛宕山へは月詣り」と、狐や猫にだまされた喜ぃ公が歌わされる伊勢音頭の文句に出てまいります『愛宕山』。

京都の北西に聳え立つ標高九百二十四メートルの霊峰でございまして、火伏、火除けの神様「愛宕さん」の総本山でございます。ここへ登る噺が『愛宕山』です。

出発！　渡月橋から愛宕山を望む

純瓶　大坂をしくじった太鼓持ちが京都の旦さんのお供でお詣りするという。

彦兵衛　そうそう。芸妓はんやら、お茶屋の女将やらと連れ立って野駆けに行きますね。

純瓶　実際は、あんなのどかなもんやないですね。

彦兵衛　はい、行ってきましたな。

純瓶　そうそう、うっかり彦兵衛さんにだまされて……。

いや、だましてないがな。落語では、京都の町中から西へ、ずっと歩いて行きますが、ま、嵐山までは阪急電車で行きまして、駅前に「清滝」行きのバスが出ています。

ここが登山口の二の鳥居。一の鳥居は、手前の化野念仏寺のところにございまして、この一の鳥居から山頂までは五十丁。二の鳥居からは四十丁です。一丁が約百九メートルですので、五十丁は五キロ余り、四十丁は四キロ余りの道のりということになりますね。

茶店はほんまにありました

二の鳥居のところに「自分で登って、自分で下山する他、手段はなし」と注意書きがあります。途中に便所もありません。ここから二十五丁の茶屋「なかや」の跡までが落語に登場する「試みの坂」ということになるのでしょう。

試みの峠

純瓶　あ、茶屋跡ということは、ほんまに茶店があったんですね。

彦兵衛　そうです。明治時代には清滝からの参道には十九軒の茶店があったと言います。それどころか、昭和のはじめにはケーブルカーが山頂近くまで上がってました。

参道には十九の茶店があったという

純瓶　ケーブルカーはどうしたんです？

彦兵衛　戦争が激しくなると、鉄砲の弾にするから金属類を供出せぇ、というお達しがありまして、戦地に赴《おもむ》かれました。

純瓶　あらら。

彦兵衛　ケーブルカーが敷設されたので、商売上がったり

一文字屋はふもとに移って営業中と書いてある

になった茶店は、みな麓へ移転したり廃業したりで、もうなくなってしまいました。

純瓶　あ、それで茶店もなくなり、ケーブルもなくなり……。

彦兵衛　便所もなくなりました。

純瓶　そら難儀なことですね。

かわらけ投げも夢のあと

試みの坂沿いには、小学校の分教場跡や、二十丁目の茶屋「一文字屋跡」などがあります。

また、十七丁のところには「火燧権現跡」があります。伊弉冉尊が生んだ火の神様火産霊を祀ってあり、愛宕山が

かわらけ投げの跡は、ずいぶん登ったところにある

あともう少しの水尾の分岐。ここから別ルートで下山できる

まだまだ試練は続く

「火除けの神様」となる、原点の場所とも言われているそうです。

麓からも見えたという巨木を祀った「大杉社」を過ぎると、京都市街を見渡せる場所に出てきます。その先にあるのが、「かわらけ投げ」の、これも跡。木と木の間に的を掛けて、小さな土器の杯を投げて遊びました。

純瓶　あ、旦さんが小判を投げるとこですね。簡単に下りれるような感じもしますね。

彦兵衛　唐傘のパラシュートは要らんような感じですが、

それでものぞき込むような崖になっています。

純瓶　道はないのですか？

彦兵衛　噺の中に出てくるように、清滝まで戻って、沢沿いに歩かないと行けないでしょうね。

純瓶　ころころ、こけ道ですね。

彦兵衛　そうそう。

お疲れさまでした、と真に受けてはいけない

落語の世界では、『東の旅』の伊勢詣り、住吉大社の参道の様子を描いた『住吉駕籠』、船と陸とで言い合いをする『野崎詣り』、親子で天神さんにお詣りする『初天神』など神詣りにちなんだ演目がいろいろありますが、実際にお詣りする場面は、ついぞありません。

「火迺要慎」のお札

『愛宕山』も、この茶店のエピソードで終わりですね。ま、ここで帰るわけにもまいりませんから、先に進みましょう。

月輪寺を訪ねるルートは、これまた険しい

かわらけ投げの跡から、少し登りますと、「水尾の分かれ」という分岐点にさしかかり、これを右にとって山頂を目指します。ずんずんと坂道を登ってまいりますと、黒い大きな門に出会います。「黒門」と言いまして、神仏習合時代の「白雲寺」というお寺の門でございます。

月輪寺側の参道から京都市街地が見えます

この門の向こうへ抜けますと、一の鳥居から五十丁、二の鳥居から四十丁の道標が「お疲れさまでした」と、厳しい登山をねぎらってくれます。しかし、これは「愛宕神社」の境内にたどり着いたというだけでして、これから、参道を抜けて、また石段をずんずん登っていかないと本殿にはお詣りできません。

いったん、ほっと一安心したからか、石段の途中で足がつりかけました。

愛宕神社は天狗の山よ

愛宕山は、修験道の開祖、役小角が開山したと伝えられます。都の北西「乾」の方角にあって、この方角への鎮護の意味があったと言います。鬼門は艮、つまり北東なんですが、これが中国風でして、乾は「神門」という言い方もする日本風のタブーの方角で、祖霊が集まる所とされました。

また、唐の五台山に倣って、最高峰の朝日峰には白雲寺、鷲峰の月輪寺、高雄山の神護寺、竜上山の日輪寺、賀魔蔵山の伝法寺が建立されました。天台宗の比叡山に対して、真言宗系の修験の地だったのですが、明治時代になって、廃仏毀釈令によって多くが破却されてしまいました。

鞍馬山と並んで天狗の集まるお山として有名で、ここの天狗が「太郎坊」と申しまして、天狗仲間の長男格なんです。それというのも、天台宗と真言宗の勢力争いの中で、真言宗系が優位を示そうと、そういう伝説を編み出してきた歴史があるようですね。

そうそう、火除けの神様ですので、社務所で「火迺要《ひのよう》慎《じん》」のお札を頂きます。三歳までにお詣りすると一生火難に合わないという言い伝えもあるそうです。

月輪寺《つきのわでら》から下りようか、保津峡から帰ろうか

下山ルートとしては、表参道を素直に往復してもよろしいかと思いますが、月輪寺《つきのわでら》経由で下りる道と、水尾の分かれから右に道を取って、保津峡に下りるルートがあります。

月輪寺は、空也や法然が参禅したと言い、親鸞が流罪になるときに植えたという枝垂桜でも有名です。

ただ、かなり険しくて「夕方以降は危険」などという立札があちこちあるので、足元に気をつけてぼちぼち、てきぱき、まいりましょう。

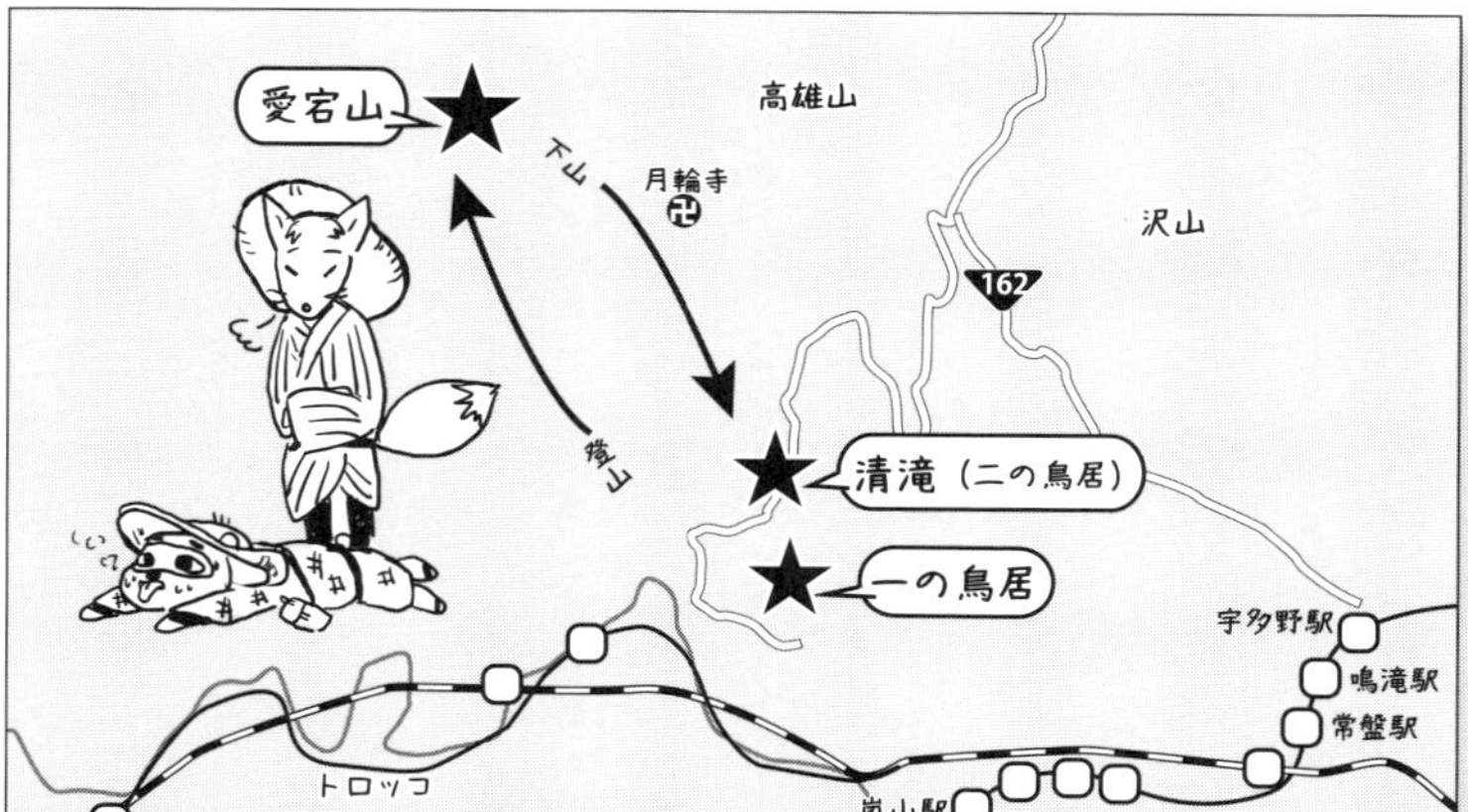

愛宕山の舞台
愛宕山登り

皿屋敷

姫路城下皿屋敷探索とジャコウアゲハ（お菊虫）

全国にある皿屋敷伝説

『皿屋敷』は、美しい腰元お菊に横恋慕した侍が、家宝の皿を盗んだとの言いがかりで責め殺し、井戸に沈めたところ、その井戸から幽霊が現れて侍を取り殺すという怪談が下敷きです。後世の姫路城下の若者たちが、幽霊伝説のある古屋敷を訪ねて、お菊さんの幽霊に出会うという噺です。

純瓶　この噺をやりますと、皿屋敷は番町でしょうと言う人がいます。

彦兵衛　『番町皿屋敷』ですね。江戸のお話で、主人公が旗本、青山播磨。

純瓶　どっちが、本家でしょうね。

彦兵衛　『播州皿屋敷』の元の話は、戦国時代に姫路を治めた赤松氏の頃にさかのぼるようですから、噺は播州の方が古いでしょうね。

皿屋敷伝説は、日本中にあって、伊藤篤著『日本の皿屋敷伝説』（海鳥社）という本には全国四十八か所に伝承されていると書いてあります。

各地に広まった理由として、赤松氏の家来たちが、戦国時代が終わって各地に散っていった際に、お菊の祟りを恐れて新しい任地などでお祀りしたことから、伝承も全国に広まったのではないかと、推定してはります。

その他、お芝居や浄瑠璃の影響、置き薬の薬売りが伝えた話が各地の伝承として根付いたなんていうこともあるようです。

お菊さんを訪ねて播州姫路へ

純瓶　ところで、お菊さんを訪ねて。姫路まで行きましたね。

彦兵衛　行きましたねぇ。

お菊虫（ジャコウアゲハの蛹）

純瓶　姫路では、噺にも出てくるお菊虫にも出会いました。こう、後ろ手に括られたような……っていう。

彦兵衛　そうそう。ジャコウアゲハの蛹《さなぎ》ですね。姫路市は、ジャコウアゲハを市の蝶々、市蝶に指定しています。

純瓶　ジャコウアゲハの飛び交う街づくり協議会というのがあって、育ててはるんですね。

ジャコウアゲハの成虫は、黒い大きなアゲハチョウです。協議会の人たちが、餌となるウマノスズクサを植えて、そこに蛹を取り付けて羽化させています。蛹は、たしかに人が後ろ手に縛られたような形をしていて、不気味です。

お菊虫の話は、根岸肥前守鎮衛《やすもり》が書いた随筆集『耳嚢《みみぶくろ》』にも登場します。

姫路市の蝶にもなっているジャコウアゲハ

尼崎の話になっていて、「主人の妻が嫉妬から、食事の茶碗に針を入れておいてお菊の仕業やと陥れた」という内容で、皿は出てきません。お菊の百回忌に岸和田でお菊虫が大発生したというんで騒ぎになってお

姫路城内のお菊井戸

姫路城車門跡

りまして、お菊虫の絵も添えてあります。尼崎の話で、なんで岸和田にお菊虫が出るのかは、よぉわかりません。

『諸国百物語』という怪談集には、この針を入れたのと同じタイプの話があって、亡霊に取り殺された熊本修理という人の四代後の子孫が姫路に移って、ここでも現れたお菊の亡霊に取り殺されています。

車屋敷、お菊神社

さて落語では、姫路の御城下に「車屋敷」というのがあって、今でもお菊の幽霊が出るという設定ですが、実際に姫路の御城下の南西のところに「車門」というのがあって、この近くにお菊が投げ込まれた井戸があったという伝説が残っています。

お菊井戸？を覗く

また、城下の東の方の「中堀の堤」はうっそうとして林になっておりますが、城下北東の県立姫路東高校の辺りは、「桐の馬場」と呼ばれて武家屋敷があった場所やそうで、「ほんまはこっちにお菊の出る井戸があった」と、地元でも本家争いをしております。

境内にお菊神社がある十二所神社

純瓶　お城の天守閣の南側にも大きな井戸があってお菊井戸と書いてましたね。

彦兵衛　なんぼなんでも、そんなとこに腰元を吊るしたり、はめたりせんでしょう。

かいらしいお菊さんがデザインされた絵馬

純瓶　ま、観光ルートとしては、他所へまわらんでええから、ここで手ぇ打っとこてなもんでしょうかね。

彦兵衛　大阪城も天守閣の前に金明水という井戸がありますね。秀吉が金塊沈めたという伝説のある。

純瓶　太閤さんだけに、なんか現実的なもん放り込んだんですね。

彦兵衛　昭和になって、探索したけど、金塊は出なかったそうです。

純瓶　そら、恨めしい。

お菊さんを祀った「お菊神社」も御城下にあります。実は、原話とみられる『播州皿屋敷』は、お家騒動がらみの長い複雑なストーリーになっていて、お菊さんは、お城乗っ取りを企む青山鉄山の屋敷に潜入して情報を得るという役回りです。鉄山の家来に陥れられて殺されてしまうのですが、謀反はやがて露見し、主君は城を取り戻して、めでたしめでたしとなるのです。

姫路市内に祀られている長壁神社

で、そのお菊を祀ったのがその由緒だそうで、境内には「烈女お菊」という

姫路城天守閣の長壁神社は、お城の本当の主を祀るともいわれる

石碑があります。

お菊神社は少彦名命を御祭神にする「十二所神社」の境内にあって、かいらしいお菊さんの絵の入った絵馬の願掛けをします。また、お皿を奉納すると御利益があると言うので、社殿には奉納されたお皿がたくさん積んであります。もともと薬の神様の少彦名命を祭っているお社で、薬草になる「蓬」や「菊」を栽培していたことから、お菊さんと結びついたのではないかと分析する人もいます。

長壁神社

お菊神社から北へ歩くと長壁神社があります。姫路城築城のときに縄張りのうちにあったお社を天守にお祀りしたので、城下の者がお詣りできなくなった。そこで、江戸時代の藩主が城下にお社を建てさせたという由緒書きが掲げてあります。

お城の守り神とも、本当の主とも言われていて、天守閣に棲んで、城主に「この城は誰のものか?」と問いかけ、「長壁さまのもの」と言えば許してくれるけれど、「私のものだ」と言えば、怒ってとり殺してしまうという伝承があります。『諸国百物語』にも「播州姫路の城ばけ物の事」という話が載っています。この話は、泉鏡花が『天守物語』という戯曲に仕立て、妖しい世界を創作しています。

ところで、車門当たりの屋敷跡には、松は梅雨時に枯れる「梅雨の松」があったとされます。これは、責め折檻をされたお菊が、虫の息の下で、「もし、私の誠が神に届くなら、この松が梅雨になれば枯れ、梅雨が明ければまた、緑をとりもどすように」と祈って亡くなり、その後に、その通りになったというのです。

戯曲と言いますと、岡本綺堂の書いた『番町皿屋敷』は、江戸の旗本のお話で、殿様に恋する腰元が、殿様の心を試すために家宝の皿を割ってしまうというストーリーで、幽霊は出てきません。

本日はこれまで。

皿屋敷の舞台
　姫路城下皿屋敷探索とジャコウアゲハ（お菊虫）

日本書紀にお菊さん？

お菊さんのルーツが日本書紀に登場するという説があります。それは「菊理媛神」とかいて「くくりひめかみ」と読む女神です。火の神を産んだことが原因で亡くなった妻伊弉冉尊《いざなみのみこと》を探して黄泉の国に行った伊弉諾尊《いざなぎのみこと》が、変わり果てた妻の姿に驚いて逃げ帰る場面。見るなと言ったのに、あさましい姿を見られたと追いかけてくる伊弉冉尊から逃れた伊弉諾尊は、間一髪でこの世に帰り着くのです。このときに「菊理媛神」が現れ、「菊理媛神亦有白事　伊弉諾尊聞而善之」（くくりひめが何かを言って、イザナギノミコトが聞いて喜んだ）とあります。この後、伊弉諾尊は危機を脱します。

「菊」の文字、「くくり」がお菊さんに通じるというわけで、黄泉の国とこの世の間に現れるので「井戸」とも関係している、との連想のようです。

菊理媛神は、日本書紀の注釈の「一書曰（あるふみにいわく）」という中に一か所だけ出てくる謎の神様で、どんな神様かなど、他には一切記述がありません。また伊弉諾尊に何を言ったのかも定かではありません。

まぁ、そのあたりが、怪談の主人公にはふさわしい登場の仕方なのかもしれません。

あとがき

三十六景と言いながら、こうしてまとめてみると高津宮や難波橋が重複していたり、「あみだ池」の和光寺も入れたらよかったと思ったり、と反省することもあるのですが、なにわともあれようやく形になりました。

「落語散策そぞろ歩き」は平成二十七年（二〇一五）春に、「桜の宮」の花見コースを歩いてから、天満天神繁昌亭で笑福亭純瓶さんの落語を聴くという企画をしたのがはじめです。現地を歩いてからだと噺の世界がネタバレになってしまうので、繁昌亭の朝席で噺を聴いてから歩くスタイルにし、その形をよみうり文化センターでも踏襲して続けております。

当方は、落語好きが高じて、あっちこっちとゆかりの地を見ておりますから、「くっしゃみ講釈で大阪城はどうです？」「野崎詣りで、野崎観音さんに！」と、気楽に演目を提案するのですが、純瓶さんにとっては「ネタおろし」となるものも少なからずあったようで、ずいぶんご無理をお願いしたものでございます。

当時、よみうり文化センター取締役だった石垣朝克さんから「なんかおもしろい企画ないか？」と水を向けられて提案したのが通ってスタートしたのでございます。やってみると受講していただいた皆様にも

「気づかずに通り過ぎていた場所に物語があるんですね」と喜んでいただき、続けることができました。

そして、純瓶さんとも「まとめて本にしたいですね」と語り合っていたことが、こうして形になったかと思うと、感慨もひとしおでございます。

受講の方の数が減っても、辛抱強く続けてくださった天満橋センターの渡邊隆太郎支配人、担当の阪田道子さん。繁昌亭での第一回以来、ずっと企画を支えていただいている「落語散策・そぞろ歩き事務局とりまとめ役」の濱田さちさん。えらい男前のイラストを描いていただいた歌坂彩さん。素敵なデザインで装丁していただいた鳥取啓子さん、たくさんの枚数の画像処理をしていただいた覚前直子さん、出版を引き受けていただいた日本妖怪研究所所長にして有限会社レベルの社長、亀井澄夫さん。そのほか、お力添えをいただいた、たくさんの皆様に厚く感謝いたします。

ありがとうございました。

狐狸窟彦兵衛

平成三十年七月七日

主な参考文献一覧

秋島籬島著
　摂津名所図会　上巻（臨川書店）１９７４年
　摂津名所図会　下巻（臨川書店）１９７４年
伊藤篤著　日本の皿屋敷伝説（海鳥社）２００２年
氏家幹人著
　江戸奇人伝　旗本川路家の人びと（平凡社新書）２００１年
大阪市立住まいのミュージアム（大阪くらしの今昔館）
　大坂蔵屋敷　天下の台所はここから始まる　２０１７年
　淀川周游　２０１５年
大阪城天守閣編集　浪花百景　いま・むかし　特別展　１９９５年
大阪歴史博物館　館蔵資料集６　澱川両岸勝景図会　２０１０年
　館蔵資料集８　浪華勝概帖　２０１２年
桂米朝著
　米朝ばなし　上方落語地図（講談社文庫）２００２年
旧参謀本部編纂　大坂の役（徳間書店）２０１６年
関西学院大学博物館開設準備室編集
　浪花百景　大坂名所案内　頴川美術館・関西学院連携協力記念
　２０１０年
倉野憲司校注
　古事記（岩波文庫）１９９４年
坂本太郎・家永三郎・井上光貞・大野晋校注
　日本書紀（全５冊）岩波文庫　２００４年
佐藤英夫著
　北野の萩の寺　円頓寺物語（円頓寺）１９８９年
西野由紀　鈴木康久編
　絵図で読み解く文化と景観　京都鴨川探訪（人文書院）２０１１年
　絵図で読み解く文化と景観　大阪淀川探訪（人文書院）２０１２年
大東市立歴史民俗資料館　特別展　野崎まいりとお染・久松
　２００９年
高島幸次著　上方落語史観（１０４Ｂ）２０１８年
高田衛編・校注　江戸怪談集　上・中・下（岩波文庫）２００８年
高橋雅夫著
　守貞謾稿図版集成　普及版〈上〉〈下〉（雄山閣）２０１２年
瀧健三編著
　史跡をたずねて　能勢街道の風景（ドニエプル出版）２０１５年
近松門左衛門作　祐田善雄校注
　曾根崎心中　冥途の飛脚他五編（岩波文庫）２００９年
鳥山石燕著

画図百鬼夜行全画集（角川ソフィア文庫）２００５年
根岸鎮衛著　長谷川強校注
耳嚢　上・中・下（岩波文庫）２００２年
橋爪紳也監修　創元社編集部編
大阪の教科書　大阪検定公式テキスト（創元社）２００９年
長谷川幸延著　大阪歳時記（読売新聞社）１９７１年
林豊著
史跡探訪　大阪を歩く　大阪市内編（東方出版）２００７年
枚方市教育委員会　市立枚方宿鍵屋資料館展示案内　２０１４年
広野卓著
食の万葉集—古代の食生活を科学する（中公新書）１９９８年
本渡章著
大阪名所むかし案内　絵とき「摂津名所図会」（創元社）２００６年
大阪古地図むかし案内　読み解き大坂大絵図（創元社）２０１０年
続・大阪古地図むかし案内　明治〜昭和初期編（創元社）２０１１年
続々・大阪古地図むかし案内 戦中〜昭和中期編（創元社）２０１３年
牧村史陽編
大阪ことば事典（講談社学術文庫）１９８７年
松村賢治著
旧暦と暮らす　スローライフの知恵ごよみ（文春文庫）２０１０年
丸田勲著
江戸の卵は1個４００円！　モノの値段で知る江戸の暮らし
（光文社新書）２０１１年
三田純市著
道頓堀　川/橋/芝居（白川書院）１９７５年
三谷一馬著
江戸商売図会（中公文庫）２００８年
三善貞司著　保存版 大阪夕陽丘歴史散策ガイド
（一心寺）２００４年
宮本又次著
人物叢書　鴻池善右衛門（吉川弘文館）１９９５年
薮田貫著
武士の町 大坂（中公新書）２０１０年
吉村智博著
かくれスポット大阪（解放出版）２０１３年
続かくれスポット大阪（解放出版）２０１５年
淀川ガイドブック編集委員会編著　河内厚郎執筆
淀川ものがたり　廣済堂出版　２００７年
脇田修著
読みなおす日本史　近世大坂の町と人（吉川弘文館）２０１５年

略歴

著者：狐狸窟彦兵衛（こりくつ ひこべえ）
本名／彦坂 真一郎　生年月日／1958年（昭和33年）7月24日／上方噺研究家、新聞記者
2015年10月から毎月1回よみうり文化センター天満橋校で笑福亭純瓶と講座「落語散策・そぞろ歩き」を開講しているほか、天満天神繁昌亭で同様の企画で夜席1回、朝席11回の落語会も開催した。また2016年には近鉄文化サロン上本町で旭堂南青と「講談師と行く難波戦記の舞台」（3回）を開講した。
笑福亭純瓶に創作奈良落語100席に「青衣の女人」「久米仙人」「件」などの作品の提供しているほか、講談師・旭堂南左衛門に新作講談「大石順教尼物語」を提供している。

噺家：笑福亭純瓶（しょうふくてい じゅんぺい）
本名／松村 知明　生年月日／1963年（昭和38年）年4月20日
入門年月日／1984年（昭和59年）6月1日「笑福亭鶴瓶」
「春鹿寄席」（奈良市）奈良を舞台にした落語を100席作ることを目指す「創作奈良落語100席」に挑戦中。
近畿地方を中心に各地で定期落語会を開催中。古典落語を中心にした勉強会を定期的に開催するなど芸域の充実にも努めている。主な落語会は「ほろよい寄席」（奈良市）「四天王寺蕎麦屋寄席」（大阪市）「豊中芸人倶楽部」（大阪府豊中市）「千代神社寄席」（滋賀県彦根市）「門戸寄席笑福亭純瓶落語会」（兵庫県西宮市）ほか。

笑福亭純瓶と行く　上方噺三十六景 落語散策そぞろ歩き

発行日 ———— 平成30年7月24日　初版第1刷発行
令和 4 年4月 3 日　第2刷発行

著者 ———— 狐狸窟彦兵衛

発行者 ———— 亀井澄夫
発行所 ———— レベル
556-0005　大阪市浪速区日本橋4丁目2-15　梅澤ビル2階
TEL.06-6634-0010　FAX.06-6630-2717
http://level-jp.com　e-mail : info@level-jp.com
書店発売 ———— ビレッジプレス
TEL.&FAX.03-3928-7699

カバーデザイン —— 鳥取啓子
撮影 ———— 狐狸窟彦兵衛
イラスト ———— UTA
編集 ———— 濱田さち　覚前直子　亀井澄夫

印刷製本 ———— 株式会社 啓文社

ISBN978-4-903225-53-1　C0076